• 中国劳动关系理论与政策研究丛书 •

聚焦当代中国劳动热点问题

Focus on the Front-burner Labor Issues of Contemporary China

（2014—2015）

冯喜良 吕国泉 主编 孟 泉 副主编

中国工人出版社

图书在版编目（CIP）数据

聚焦当代中国劳动热点问题. 2014～2015 / 冯喜良，吕国泉主编. 孟泉副主编. —北京：中国工人出版社，2015.5
ISBN 978-7-5008-6128-7

Ⅰ.①聚… Ⅱ.①冯…②吕… Ⅲ.①劳动关系－研究－中国 Ⅳ.①F249.26

中国版本图书馆CIP数据核字（2015）第089757号

聚焦当代中国劳动热点问题（2014—2015）

出 版 人 芮宗金
责任编辑 罗荣波
责任校对 孙遒伟
责任印制 栾征宇
出版发行 中国工人出版社
地　　址 北京市东城区鼓楼外大街45号　邮编：100120
网　　址 http://www.wp-china.com
电　　话 （010）62350006（总编室）　（010）62005039（出版物流部）
（010）82075935（工会与劳动关系分社）
发行热线 （010）62004002　（010）82081553（传真）
经　　销 各地书店
印　　制 北京市密东印刷有限公司
开　　本 710毫米×1000毫米　1/16
印　　张 11.75
字　　数 190千字
版　　次 2015年11月第1版　2015年11月第1次印刷
定　　价 32.00元

出版说明

本书是继《聚焦当代中国社会劳动热点问题（2010—2011）》《聚焦当代中国社会劳动热点问题（2012—2013）》之后，对国内劳动关系热点问题的持续性聚焦。本书集合中国工运研究所、中国人力资源开发研究会劳动关系分会、首都经济贸易大学劳动经济学院等重要研究机构的力量，收集2014—2015年度国内劳动关系重要研究成果，从政治学、经济学、社会学等视角出发，分别对构建和谐劳动关系、经济结构调整与劳动市场、新形势下的工会自身建设等问题进行了分析和研判，为构建和谐劳动关系提供建设性的意见和参考。

由于篇幅所限，本书收录文章有限，编辑不足之处，恳请读者指正。

编　者

2015年11月

目　　录

构建和谐劳动关系

经济结构调整与劳动市场

新形势下的工会自身建设

构建和谐劳动关系

中国特色和谐劳动关系体系的形成

——学习《中共中央、国务院关于构建和谐劳动关系的意见》

乔　健*

一、中国特色和谐劳动关系的形成过程

对中国劳动关系治理模式的探讨，源于21世纪以来全国总工会对中国特色社会主义工会发展道路的探索。2004年12月召开的全总十四届二次执委会议，确定了“组织起来、切实维权”的工作方针。2005年7月，全总十四届六次主席团会议通过了《关于坚持走中国特色社会主义工会发展道路的决议》。在这期间，全总对“中国特色社会主义新型劳动关系”做了专题研究，认为这种劳动关系治理模式既不同于任何类型的资本主义劳动关系，也不同于我国计划经济时期的劳动关系，是一种在国家、社会、企业和劳动者根本利益一致基础上，通过市场调节与国家干预相结

* 乔健，中国劳动关系学院劳动关系系主任，副教授，北京师范大学历史学硕士。兼任中国人力资源开发研究会劳动关系分会副会长、中国劳动学会学术委员会委员、中国社会学会劳动社会学专业委员会副会长、北京市劳动和社会保障法学会常务理事、北京市海淀区第九届政协委员。是我国第一个劳动关系本科专业的设计者之一，也是《劳动关系协调员国家职业标准（试行）》的起草者之一。

主要从事劳动关系、劳工政策和工会的研究和教学，曾获中国劳动关系学院十佳教师。近年著述包括：《*China's Trade Unions—How Autonomous Are They*》《中国劳动关系报告》（副主编）。发表论文《略论中国特色和谐劳动关系》等60余篇。在研课题：2014年国家社科基金重大项目之《集体劳动争议预防与处理机制的系统化建构研究》子课题负责人。

合，化解利益冲突和促进社会公正的稳定协调型劳动关系。

劳动关系调整模式亦得到党中央的关注。2006 年 10 月，中共十六届六中全会通过《关于构建社会主义和谐社会若干重大问题的决定》。针对当时我国劳动关系存在的许多不和谐因素，如劳动合同签订率低、期限短、内容不规范；许多企业缺乏社会责任感，劳动条件和职业卫生状况十分恶劣，强迫超时加班；企业工资分配机制不完善，拖欠和克扣职工工资时有发生；劳动关系协调机制不能充分发挥作用，劳动争议调处和监察力度不够，群体性事件经常发生等问题，为保障社会公平正义，完善社会管理，该《决定》首次提出“发展和谐劳动关系”，并将其作为推进以改善民生为重点的社会建设、构建和谐社会的重要任务。此后，我国劳动立法密集出台，仅 2008 年实施的就有《劳动合同法》《就业促进法》《劳动争议调解仲裁法》。

2010 年夏，为应对频频发生的职工群体性事件，在全总十五届四次执委会上，时任全总主席王兆国同志提出“两个普遍”，即在未来三年内，在全国企业中普遍组建工会，在已建工会的企业中普遍建立工资集体协商制度。随后，中国工会集体协商制度的建设重点逐步转向区域性、行业性协商，以解决企业工会不发挥作用、企业协商走形式的问题。同时，劳动关系调整模式的重心开始从贯彻《劳动合同法》、建立完善劳动合同制度的个别劳动关系调整转向以“两个普遍”特别是行业协商为代表的集体劳动关系调整模式。

2011 年春夏，在中央政策研究室等六部委参与下，完成了从浙江到全国、从民营企业到各类企业构建和谐劳动关系的经验调查。当年 8 月，举行全国构建和谐劳动关系先进表彰暨经验交流会。这次会议是改革开放以来第一次全国性研究部署构建和谐劳动关系的工作会议，也首次明确把构建和谐劳动关系作为一项重要而紧迫的政治任务，是增强党的执政基础的重要举措。时任中央政治局常委、国家副主席习近平代表中央作了长篇讲话。他提出，形成规范有序、公正合理、互利共赢、和谐稳定的劳动关系，是劳动关系工作的目标要求。这个要求同时也写进了国家“十二五”规划纲要。他还提出，要形成党委领导、政府负责、社会协同、企业和职工参与的工作格局，并明确提出构建“中国特色和谐劳动关系”这一概念，要求各级党委要统揽全局、把握方向，及时研究和解决劳动关系中的重大问题。此外，要创新劳动关系体制机制，形成反应灵敏、运转有序的协调劳动关系机制，是有效预防、化解，处置劳动关系矛盾的关键。

自2011年全国劳动关系大会以来，据不完全统计，已有河南（2011）、辽宁（2011）、广东（2012）、湖北（2012）、重庆（2012）、广西（2014）等14个省以省委、省政府名义颁行了《构建和谐劳动关系的意见》，要求建立构建和谐劳动关系的组织体制；把职工共享改革发展成果作为评价各级党政干部实绩的重要内容，纳入考核体系；有的地方还要求各级党校、行政学院把协调劳动关系课程列入对党政领导干部、企业负责人的培训内容，切实提高其工作能力。

2013年，人力资源和社会保障部主管领导在全国劳动关系工作座谈会上分析了党的十八大报告提出的实现经济持续健康发展、加强社会主义民主法治、改善民生和加强社会建设，对劳动关系工作提出的新任务、新要求，要求全面加强劳动关系矛盾源头治理，即通过加强协调劳动关系的法律、体制、制度、机制和能力建设，从源头上预防和减少劳动关系矛盾。同时，要求在劳动关系领域加强民主和法制建设。

2013年11月党的十八届三中全会通过的《中共中央关于全面深化改革若干重大问题的决定》虽未直接涉及劳动关系体制，但该《决定》在“创新社会治理体制”部分中要求改进社会治理方式，坚持系统治理，加强党委领导，发挥政府主导作用，鼓励和支持社会各方面参与，实现政府治理和社会自我调节、居民自治良性互动。同时要求坚持依法治理，加强法治保障，运用法治思维和法治方式化解社会矛盾。这些论述都为中国劳动关系治理体系和模式的形成提供了指导原则。

2015年3月，经过长时间酝酿，中共中央、国务院颁行《关于构建和谐劳动关系的意见》，对构建和谐劳动关系的指导思想、工作原则和目标任务作了清晰论述，并着重对依法保障职工基本权益、健全劳动关系协调机制、加强企业民主管理制度建设、健全劳动关系矛盾调处机制、营造构建和谐劳动关系的良好环境及加强组织领导和统筹协调做出全面部署。这个文件的出台，标志着“中国特色和谐劳动关系”治理模式的初步形成。

二、强化劳动关系的法治建设和民主问责

（一）加强劳动关系矛盾的源头治理

中国特色和谐劳动关系的治理体系可以分成两个维度，第一个维度是坚持依法治理，加强法治保障，运用法治思维和法治方式化解劳资矛盾。侧重完善协调劳动关系的法律、体制、制度、机制和治理能力建设，加强劳动关系矛盾的源头治理，以实现矛盾治理从治标到治本、从事后救济到事先防范的转变。

自21世纪以来，我国积极推动劳动立法，尤以2007年至今，频繁出台劳动保障法规、政策，初步构建起市场经济条件下劳动关系协调的法律和政策体系。

在个别劳动关系方面，2007年颁布的《劳动合同法》与国务院2008年出台的《劳动合同法实施条例》，共同确立了劳动者与用人单位通过劳动合同建立劳动关系，以实现双方权利义务的法律规制。2013年《劳动合同法》修正案及2014年《劳务派遣暂行规定》先后实施，强化对劳务派遣的规制。2014年，国务院颁行实施《事业单位人事管理条例》，标志着事业单位向市场化雇佣迈出新的一步。

在集体劳动关系领域，主要是加强基层企业民主和法治建设。在原有《工会法》《劳动法》《劳动合同法》的基础上，2012年党和国家六部门又颁行《企业民主管理规定》，通过建立完善集体协商和集体合同制度、职

工民主管理制度及劳资协商会等制度，在企事业单位建立多层次、多形式的工会和职工参与协调劳动关系的制度。此外，在这一领域，地方省市出台了一批工资集体协商及职工权益保障的条例。

在宏观劳动关系协调层面，主要以健全组织和完善职能为重点加强三方机制建设。从2001年国家三方建制到2012年年末，全国共建立各级劳动关系三方协调机制（包括地方和产业）2.4万个。

在劳动标准体系建设方面，以2007年《就业促进法》《劳动合同法》、2010年《社会保险法》及《工伤保险条例》修正案、2011年《刑法》修正案（八）和《职业病防治法》修正案、2012年《女职工劳动保护特别规定》以及2013年《关于深化收入分配制度改革的若干意见》等法规、政策的连续出台，初步形成围绕着雇佣、工资、工时、休息休假、禁止使用童工、女职工和未成年工保护、劳动定额、劳动安全卫生等劳动标准体系。各地政府定期上调最低工资标准，仅以经济增速下滑的2014年为例，各地最低工资仍保持14.1%的平均增速。当前的重点是加强特殊工时、职工带薪年休假制度和劳动定额管理标准化。

在劳动保障执法监察方面，继2004年颁布《劳动保障监察条例》后，2011年发布的“十二五规划纲要”提出要加大劳动保障监察执法力度，切实维护劳动者权益。2012年党的十八大报告又首次载入“加强劳动保障监察”的提法，要求加大执法力度和工作机制建设。2013年十八届三中全会通过的全面深化改革决定进一步要求加强安全生产、劳动保障等重点领域基层执法力量。

针对劳动争议频繁激增的现状和这项制度过往的缺陷，2007年颁行《劳动争议调解仲裁法》，该法创新和完善了劳动争议处理机制。《国家基本公共服务体系“十二五”规划》将加强劳动人事争议调解仲裁服务体系建设列为重点任务之一。2011年人社部颁行《企业劳动争议协商调解规定》，将制度建设的重心转向劳动争议调解。当前的工作重点是加强调解仲裁的效能建设。此外，最高法院分别在2001年、2006年、2010年和

2013年出台了四个审理劳动争议案件的司法解释，2014年还就审理工伤保险行政案件作出规定，厘清和细化了法律规定。

在推进劳动立法的过程中，立法机构采取科学立法、民主立法的方法，广泛向社会、专家征集意见，公众参与度明显提高。如《劳动合同法》草案收到群众意见近20万条，全国人大常委会将意见进行整理吸纳后，通过媒体向社会作出反馈。全国人大常委会还分别于2008年和2011年两度对《劳动合同法》实施情况进行检查，发挥了执法监督作用。

但是，制度构建仍存在明显缺陷：劳动合同制度仍未建立全口径统计指标，在建筑、餐饮及小微企业签约率偏低；集体协商和集体合同制度本应是市场经济条件下协调劳动关系的主要制度，但由于工会力所难及，作用有限；现阶段国家协调劳动关系三方机制尚不是利益协调机制，参与各方并不能完全代表背后的利益群体，且机构、人员和职责均缺乏立法保障；劳动基准立法尚未提上日程，劳动标准不完善，机构不健全；由于劳动执法人员的严重不足和素质不高，加上执法手段单一，处罚力度不够，劳动监察不能有效地威慑和遏制用人单位的违法行为；在争议处理方面，集体劳动争议处理制度存在制度设计上的缺陷，亟须制度创新。

因此，我国“十三五”规划时期劳动关系的立法重点应放在集体劳动关系协调和劳动基准立法两个方面。集体劳动关系协调涉及《集体合同法》《集体劳动争议处理条例》等法律和法规，由于在一些问题上存在争议，我国至今没有一部单一的集体劳动关系法律，致使这一领域存在立法空白和制度缺陷。应以我国地方立法资源为基础，借鉴国外有关诚信协商的立法经验和技术，启动《集体合同法》的立法进程。此外，与此相关的《工会法》已不适应新形势下协调劳动关系的需要，亟待修订。在劳动标准方面，我国尚欠缺一部保障劳动者基本劳动条件的《劳动基准法》，对劳动者用工、工资、工时、休息休假、劳动安全卫生与职业灾害补偿、劳动定额、工作规程、退休、女工和童工等内容及监督检查机构、人员作出规范。可以在借鉴、整合、修订过往单项劳动条件立法的基础上展开立法调研工作。此外，还应就协调劳动关系三方机制进行立法，结束这一领域制度构建无法可依的现状。

在劳动关系治理体制的选择上，市场经济国家一般分为劳资自治和国家统合两类。劳资自治体制以劳资开展集体谈判为中心，政府不加干预。而国家统合的体制，则以政府制定法律干预劳动力市场，劳资双方依照国家法律达成集体合同和处理劳动争议。前者以英国为代表，后者奉德国为圭臬，也可以说，德国模式是国家统合与劳资自治的统一。在我国，正在形成的劳动关系治理模式被概括为“党委领导、政府负责、社会协同、企业和职工参与的工作格局”，也可简称为党政主导与劳资参与相结合的治理体制。不仅是政、劳、资三方协调劳动关系的制度体系，更是国家政治和社会治理体系的重要组成部分。

劳动关系法治体系的完善，最终要体现在治理效能的提高。所谓治理效能，包括健全完善劳动关系协调的制度机制、组织机构、人员队伍及基础设施，增进劳动关系协调服务的能力和社会公信力。以劳动争议调解仲裁工作为例，人社部要求，在机构和设施建设上，要确保“十二五”末期实现全国80%的地级市及55%的县建立仲裁院，乡镇、街道争议调解组织组建率达到60%，设施功能齐全，财政保障充足；在制度和工作流程建设上，要健全调解仲裁的办案制度和工作规范，实现办案流程再造和优化，并改善信息化设施和条件，确保仲裁结案率在90%以上；在调解仲裁队伍的建设上，通过政府购买服务、开发公益岗位来充实调解员队伍，严格把好专职仲裁员入口关，加大培训力度，制定仲裁员管理办法，规范其聘任、管理、履职和解聘制度，不断提高调解仲裁队伍的素质和办案能力。

（二）推进劳动关系主体的民主问责

治理体系的第二个维度是健全劳动关系领域的民主制度建设，并丰富民主形式。这个提法源于中共十八大要求加强社会主义民主法治建设的主张，十八届三中、四中全会通过的两个决定都要求构建对维护群众利益具有重大作用的利益表达机制、协商沟通机制，推进社会协商和开展形式多样的基层民主协商。2015年年初，中共中央印发《关于加强社会主义协商民主建设的意见》，进一步要求推进企事业单位的民主协商，健全企事业单位民主管理制度、集体协商制度和劳动关系三方协商机制。此次在中央《意见》中，以“加强企业民主管理制度建设”为题将其系统概括。

除上述制度外，推进劳动关系主体，其中主要是工会组织的民主问责建设，是近期制度建设的焦点所在。长期以来，针对基层工会广受诟病的不作为问题，学术界多建议工会应从职工队伍中寻找自己的“资源”和“手段”，扩大实施基层工会直选制度，以工会的民主化建设规范和约束工会主席的行为，从而体现会员意志在工会中的主导作用。尽管早期也有零星试点，但由于担忧民主直选失控，工会主席之位被别有用心的人把持，致使这项改革迟迟未能提上议程。

2012年年初，深圳市总工会率先试水，他们将基层工会工作思路确定为“民主选举产生、规范化运作、向职工群众负责”，在163家到期换届企业试行工会直选，“把权力交给工人，让工人自己说了算”。在直选程序上，强化源头和过程民主，会员代表和工会委员均民主产生。候选人的产生采取自荐、互荐、组织推荐以及企业推荐等多种方式，由会员代表选举确定。工会主席及副主席候选人先由工会委员投票选举产生，再通过会员代表大会进行差额选举，最终产生工会主席。根据学者观察，由于实行直选，增强了企业工会在集体协商中的合法性、独立性和代表性，也才有了实质上的协商谈判过程，而大幅度的工资增长也使工会与会员的关系更为密切。

2014年夏，全总发布《关于新形势下加强基层工会建设的意见》，其最大的亮点是要求全会“推进基层工会主席民主直选产生”。要求在同级党组织和上级工会的领导下，充分发扬民主，依法依规推进基层工会民主选举。按照积极稳妥、确保质量的要求，扎实推进基层工会主席（副主席）由会员大会或者会员代表大会直接选举产生。此举对加强工会组织存在的必要性、合法性，加强职工会员与工会的联系，可谓意义深远。

2014年以来，民主直选基层工会主席已推向全国。在率先进行的广东，实行直选工会主席的企业约5000家，占全省基层工会委员会的2%。省工会重点在新建企业工会、到期换届工会和发生过重大劳资纠纷企业工会推进民主选举，并计划在5年内实现全省企业工会普遍民主选举产生。辽宁颁布《基层工会直接选举工会主席暂行办法》，其所属沈阳、大连等14个市在非公企业工会主席进行直选试点。在河北巨鹿县，开展企业工会主席直选已有10年，全县有40多家骨干民营企业通过民主直选的方式选举工会主席，全县工会入会率达90%。由于直选工会得到职工的认可，普遍表现活跃。

三、探索和谐劳动关系协调的核心机制

从1995年起，全国总工会就开始尝试将集体协商和集体合同制度作为市场经济条件下协调劳动关系的核心机制。经过20年的探索，尽管也推出了一批典型案例，但在企业层面的实践仍存在突出问题，如签订集体合同的企业所占比例不高、集体协商工作中“企业不愿谈、职工不敢谈、双方不会谈”和“重签订、轻协商，重文本、轻履行”的问题等，实际反映了企业工会作为管理层的附属品，很难代表员工利益，以及当协商谈判遭遇僵局时工会缺乏施压机制等深层次矛盾，以致它难堪核心机制的大任。从构建中国特色和谐劳动关系的逻辑来说，核心机制的确立必须满足三个条件：其一是用和谐、合作而非对抗的方式调整劳动关系，维护社会稳定；其二，参与的协调主体须得是法定的、政治上可靠的，摒弃“意识形态类、职工维权类”劳工NGO组织；其三，推动劳动关系主体独立，强化协调过程，提升制度效用，探索中国特色的自上而下的压力机制。以下三大机制将会被作为协调劳动关系的核心机制发挥支柱作用。

（一）在宏观层面，创新劳动关系三方协调机制

自2001年建立国家协调劳动关系三方会议以后，到2012年年末，全国共建立各级劳动关系三方协调机制（包括地方和产业）2.4万个。其中，所有31个省、直辖市、自治区均已建立省级协调劳动关系三方机制。确立这项制度的本意，是借鉴国外经验，构建我国劳动关系协调的宏观体制。到2015年3月，国家协调劳动关系三方会议共举行20次会议。在推动劳动法律、政策和重要劳动标准的制定和实施方面，三方通过各种途径参与了我国近年劳动和社会保障法律、政策和措施的制定；在推动开展工资集体协商工作方面，三方共同制订“彩虹计划”和攻坚计划，强化主体发育、制度建构和人员培训，并根据不同发展阶段的特点确定工作重点；在参与劳动争议调解和仲裁制度完善、协调处理地方重大集体劳动争议和群体性事件中也发挥了一定作用。特别是从2006年起，国家三方发布《关于开展创建劳动关系和谐企业与工业园区活动的通知》，决定在全国开展创建劳动关系和谐企业与工业园区活动，以促进劳动关系和谐稳定，增强社会和谐基础。这项活动是政府创新社会管理的一项引导性政策举措，在性质上属于企业自律性劳动关系，但在指标设置上也注意发挥各主体的积极性，用商业信誉和市场化措施刺激和激励企业，对企业建章立制，规范劳动关系管理发挥了积极作用，是三方机制中一项极具中国特色的举措。

但是，三方机制在运行中存在诸多问题，尚难担当劳动关系体制的顶层设计。如三方机制缺乏国家立法规范，亦无实体性常设机构、人员和专项经费。三方会议的行文无法律约束力，由三方的一个业务部门和分管领导组成，协商范围小，不能包括所有劳动关系议题，使其功能受限。三方机制的运行模式不明确，职能和各方职责也不清晰。其中，联谊活动多，讨论问题少；抓典型评比多，对基层指导协调监督少。在地方，三方机制在省、市、县发展不平衡，尤以县级较差，深入乡镇和行业就更为有限。代表性不强、主体缺位是各地三方会议的通病。

首先，应加强和创新三方机制建设，使其成为我国劳动关系协调的顶层制度，是构建和谐劳动关系的现实要求。中央《意见》强调“加强和创新三方机制组织建设，建立健全协调劳动关系三方委员会”。将组织机构实体化，把国家协调劳动关系三方会议改制为常设性劳动关系三方委员会，这是三方机制的一大创新。在省一级也建立此类机构，提升委员会规格。扩大主体参与范围，除已有的工会、企联、工商联外，还应吸纳国资委代表参加，并在主要行业推开这一体制。其次，要对三方机制的工作职能进行扩展：不仅包括狭义上的劳动关系事项，还应包括就业和社会保障等相关议题。在劳动关系议题上，应强化劳动保障立法、工资集体协商政策倡导和能力建设、重大集体争议处理的三方协调职能建设。《意见》要求依托三方机制完善协调处理集体协商争议的办法，有效调处因签订集体合同争议和集体停工事件，也是制度建设一大进展。此外，还应健全沟通、协商、票决及调研等工作制度和规则，加强专家委员会在基础研究、立法调研和制度规划等方面的作用。最后，将三方机制立法提上议程，通过三方机制的法治化建设实现体制机制创新。

（二）在中微观层面，加强区域和行业工资集体协商制度建设，并与企业协商相协调

2010年夏，为应对职工群体性事件频发和强化维权，全总实施“两个普遍”的政策，且推动协商结构从基层企业转向区域和行业。涌现了湖北武汉的餐饮行业、江苏邳州的板材行业、山西吕梁的煤炭行业、上海的出租车行业、浙江的节能灯行业、北京的家政行业及沈阳的区域运作模式等新型案例。

开展行业集体协商在提高同行业职工收入、减少行业内劳动争议及规范同行业企业竞争秩序等方面有一定作用。《武汉市餐饮行业工资专项集体合同》条款共计15条，都是针对职工最核心、最直接的利益问题作出规定，将行业最低工资标准提高至武汉市最低标准的130%，明确2012年

餐饮行业职工工资涨幅不低于9%。江苏邳州市板材行业通过连续6年开展行业工资集体协商，全行业效益年均增长18%，职工工资年均增长23%，行业内规模以上企业职工流动率由60%降低到10%以下，推动形成“区域谈底线，行业谈标准，企业谈增长”的多层次、相衔接、立体式集体协商体系，切实提升了工资协商的质量。

同时，劳资共同制定行业劳动定额也取得新的进展。2011年，中国财贸轻纺烟草工会与中国服装协会编制完成了《服装行业部分劳动定额指导标准》等文件，对行业协商发挥了指导作用。2013年，全总还与中国陶瓷工业协会、中国眼镜协会等单位共同制定了日用陶瓷和眼镜行业劳动定额指导标准。2014年1月，我国首个年度行业性工资福利指导文件——《2014年餐饮行业工资福利工作指导意见》由全总与中国烹饪协会、中国饭店协会联合下发，这个文件影响到2200万餐饮行业职工的工资福利待遇。

此外，在探索“党政主导”的协商压力机制方面有了新举措。沈阳市明确规定集体合同工作纳入各级地方政府绩效体系，各区、县政府是推进集体合同工作的责任主体；利用各种行政手段，对企业形成高压态势，迫使其签订集体合同。在其区域协商中，地方工会取代企业工会成为与企业集体协商的谈判主体，它通过一系列措施保障集体合同自上而下的签订过程，推广“1＋N”的协商模式，即区域性的和行业性的集体协议，行业协议中的工资标准和增长幅度不得低于区域性集体合同。

总体上看，区域和行业集体合同制度所涉及的劳动标准和工作定额具有较强的产业特点，它较好地解决了单个企业工会不独立、签订集体合同难度大的问题，是一种有益的制度创新。2014年4月，国家协调劳动关系三方发布从2014年至2016年实施新的集体合同攻坚计划，其首要内容便是大力推进行业集体协商，将其作为深入推进集体合同制度建设的重点形式和主攻方向。

行业协商现存的问题，诚如有学者对武汉餐饮业工资合同的调查，他们发现主城区仍有21.5%的被调查者认为自己的月工资仍低于合同最低标准。交叉分析得知，这些劳动者主要集中在7人以下的小微企业，说明小企业的签约履约情形较差。如何改进制度建设，除进一步扩大覆盖面，提高协商层次，推动各行业制定劳动定额标准外，应将行业协商与企业协商协调起来，结合企业工会的民主直选、针对雇主的广泛宣传教育及劳动执法监察，推动签约企业履约。此外，还可探讨在未来的集体合同立法中引入不当劳动行为裁决机制，促进劳资双方诚信协商。

（三）在劳资冲突处理方面，推进劳动争议“大调解”机制建设和效能提升

面对金融危机以来劳动争议和群体性事件的急剧增加，我国着力推进劳动争议大调解机制建设和效能提升。2012—2013年，各级劳动人事争议调解组织和仲裁机构分别处理争议150.9万件和149.7万件，其中半数以上案件是通过调解机制处理的。近年我国创新劳动争议的处理机制，其核心是在构建和谐劳动关系的理念指导下，坚持“鼓励和解、强化调解、加快仲裁、衔接诉讼”的方针，特别是健全争议调解机制的建设，不断提高争议处理效能，最大限度地通过非诉讼方式解决争议。

为此，人社部于2009年10月颁布调解指导意见，建立多渠道调解体系和政府主导的应急争议调解协商机制，三方参与处理集体争议，并鼓励仲裁庭将争议先行调解。《企业劳动争议协商调解规定》于2012年1月实施，其核心就是督促企业建立劳动争议和解调解机制，畅通劳动者的诉求表达渠道。

2008年以来，我国已构建了多渠道、开放式的争议调解网络。各地基层劳动争议调解组织在设立模式上不尽相同，有的是乡镇、街道司法所设立综合治理调解组织；有的是乡镇、街道工会设立调解组织；有的依托乡镇街道劳动保障服务站，由乡镇、街道党委政府领导，人社、工会、公安等部门联合设立调解联动组织，形成调解联动机制；还有的以市县劳动争

议仲裁庭为主，在乡镇、街道设立派出庭。一些地区在出租车、纺织、建材等行业依托商会、行业协会建立行业劳动争议调解组织。已成立工会的企业一般设立争议调解委员会，大型企业除设立调解委员会，还在车间、工段、班组设立调解小组。没有设立调委会的中小型企业，主要由职工代表负责调解工作。

总体上看，许多地方都建立起以劳动保障服务站为依托的乡镇街道调解组织、商会协会调解组织、工会为主的调解组织、基层人民调解组织、劳动仲裁调解和法院诉前调解，形成多层次的劳动争议调解网络格局。

各地在调解机制建设上还有一些创新做法。在调解组织体系方面，一是区域行业性调解组织中加入工商、乡镇企业局等中小企业行政主管部门，市级机构增加经贸委、企联、工商联等单位，增强调解组织的调解力度；二是将辖区切块划片进行精细化网格管理，并建立入户走访制，发现问题及时调处。在调解制度模式方面，一是对争议案件进行分级分类处理，对不同类型、不同程度的劳动争议案件采取不同的调解方式，这提高了调解成功率。二是县调解仲裁委员会调解职能前移至街道，调解不成功的直接进行县级劳动争议仲裁。三是建立街道社区劳动关系矛盾隐患风险调查管理制度。在调解协作机制方面，一是辖区内企业调解委员会也视为区域调解组织的组成部分，对尚未建立工会或调解组织的企业中发生的劳动争议，区域性劳动争议调解组织可直接受理。二是与劳动仲裁庭、法院建立沟通制度。对法律无明文规定，在自由裁量范围内的争议焦点，了解仲裁、法院裁审尺度，使调解与仲裁诉讼保持一致。在调解保障体系方面，财政按计件方式向基层调解员提供办案经费支持。

这项制度存在的问题，主要是对如何解决集体争议和群体性事件缺乏立法规制。目前地方各行其是，既有多方联动机制的模式，也有劳动监察为主的模式，还有以仲裁机构解决为主的模式，以三方机制为主的模式，以及第三方介入的模式等。应当为集体劳动争议处理制度进行立法创制，明确区分利益争议和权利争议的概念。对待集体利益争议，应建立以协商调解为核心的争议处理制度，并完善代表人参与争议处理的制度。根据集体争议性质的不同设置自愿调解和强制调解的不同程序，后者主要适用于“重大争议”及有关国计民生的行业，调解机构可主动介入，调解协议具有集体合同的效力。同时，完善调解机构设置，在省一级设立常设或特设调解委员会，吸纳各方人士参加，提升调解员的专业能力。

四、结语

过往，我们更多的是从市场经济国家协调劳动关系的经典理论、模式、体制和机制来展望、预测或建言中国的制度构建和改革，这往往与国情现实有一定出入。事实上，每个国家的制度建设都有其路径依赖（path dependency），我们不可能超越它凭空来探讨制度创新。随着中国特色和谐劳动关系的确立及其理论内涵和制度实践愈加清晰，我国已形成市场经济条件下的坚持系统治理、加强党委领导、发挥政府主导作用与劳资参与协调相结合的劳动关系调整模式。

改革开放以来我国劳动关系的发展变迁

刘　兰　唐　鑛*

劳动关系是一种基本的社会经济关系。改革开放30余年来，我国经济体制发生了重大变化，劳动关系领域也产生了深刻的变革。劳动管理制度的改革正是以调动劳动者的积极性为起点展开，并以逐步确立劳动者的市场主体地位，促成劳动关系从身份到契约的转变为方向进行的。劳动制度改革秉承了中国经济体制改革的基本思路，走过了一条双轨制渐进式改革历程。

一、1978—1991年：劳动制度改革

（一）城乡隔绝体制松动

1978年12月，党的十一届三中全会确立了以经济建设为中心的基本路线，1979年9月，十一届四中全会通过了《关于加快农业发展若干问题

---

* 刘兰，中国人民大学劳动人事学院博士生。唐鑛，管理学博士，中国人民大学教授，博士生导师。1993年，中国人民大学劳动人事学院研究生毕业留校任教；1994—1995年，北京美星食品有限公司总经理；1995—2001年，北京高唐新文化发展有限公司总经理；1996—2001年，北京亚太央行金融研究中心主任；2001—2006年，中国人民大学劳动人事学院博士研究生，其间两度赴德国Osnabrueck大学作人力资源管理专题研究；2006—2007年，参加中组部和团中央组织的第七批博士服务团，在重庆工商大学挂职校长助理；2008—2009年，在美国佐治亚理工大学经济学院访学；2009—2014年6月，中国人民大学劳动人事学院党委副书记；2014年6月至今，中国人民大学劳动人事学院党委书记。

的决定》，允许农民因时因地制宜，自主经营，广大农村出现了多种经营形式和乡镇企业的劳动力流动。

与此同时，城镇劳动用工制度也进行了改革。1980 年 8 月全国劳动就业工作会议上确定，我国开始实行“在国家统筹规划指导下，实行劳动部门介绍就业、自愿组织起来就业和自谋职业相结合”的“三结合”就业方针。1984 年，中共中央一号文件规定“允许务工、经商、办服务业的农民自理口粮到集镇落户”，20 多年严苛的城乡隔绝体制终于有所松动。此后几年间，大批农民向乡镇转移。自此开始，城镇形成了以从事第三产业、提供劳务服务为主要形式的劳动力市场，当时也称劳务市场。

（二）劳动合同制出现

1980 年国务院发布了《中外合资企业劳动管理规定》，规定合营企业职工的雇用、解雇和辞职，生产和工作任务，工资和奖惩，工作时间和假期，劳动保险和生活福利，劳动保护，劳动纪律等事项，通过订立劳动合同加以规定。劳动合同制首先在合资企业中推行。同年，上海在国有企业中进行了劳动合同制的试点工作。外商投资企业和试点企业实行劳动合同制为我国劳动制度改革提供了经验。

国务院于 1986 年发布《国营企业招用工人暂行规定》，要求企业招用工人要贯彻执行“先培训、后就业”的原则，面向社会，公开招收，全面考核，择优录用。1986 年 7 月 12 日，国务院发布《国营企业实行劳动合同制暂行规定》，要求企业在国家劳动工资计划指标内招用常年性工作岗位上的工人一律要与企业签订劳动合同。此后，劳动合同制度逐步扩大到企业干部群体，并最终实现企业“全员劳动合同制”。全员劳动合同制度的推行，否定了在国营企业实行 40 多年的“固定工”用工制度。通过以劳动合同为主要内容的企业用工制度改革，企业试图引进“契约”的形式，将企业的用工制度纳入市场的轨道。这一改革，使国有企业中的管理者和劳动者，开始向市场经济的“雇佣者”和“被雇佣者”转变。

与此同时，劳动关系出现了双重二元化的问题。一方面，公有制企业可面向社会通过签订劳动合同招工了，但因终身制的固定工与合同工并存，依然是用工主流，最活跃的劳动力市场依然没有完全建立，劳动关系处于改良阶段。另一方面，非公有制企业大量出现，但由于当时没有劳动合同法、没有最低工资规定、没有最高工时限制、没有社会保险制度等法律、法规，用工不用签劳动合同，工资完全由资方确定，与公有制企业的规范管理相比，非公企业劳动关系极度自由，劳动者权益易受侵害。

（三）优化劳动组合打破固定工制度

优化劳动组合，是指企业按照择优上岗的原则，通过层层招聘而组成新的劳动组织的一种企业内部的劳动制度。它是我国经济体制改革过程中，为了充分发挥企业劳动者和机器设备的效率，使劳动者与生产资料更紧密、更合理地结合起来而产生的一种新型劳动组织形式。

为了进一步消除原劳动用工制度的弊端，从 1982 年开始，结合劳动合同制的实行，不少地区进行了优化劳动组合（或称合理劳动组合）、全员合同化管理等多种形式的改革探索，一些城市还进行了劳动、工资、社会保险综合配套改革的试点。几年来，全国已有 5 万多家企业和 1500 多万名职工参与了这项改革。这一改革打破了传统的固定工制度，在择优上岗，合同化管理等多种形式下，一部分职工被“优化”为“企业富余人员”。

（四）企业利益结构改变

1986 年 9 月，国务院发布《全民所有制工业企业厂长工作条例》（以下简称《条例》），规定企业的法定代表人是厂长，负责代表法人（企业）行使职权。在这个《条例》中，企业厂长的中心地位得以确立。1986 年 12 月，国务院发布《关于深化企业改革增强企业活力的若干规定》，要求地方政府和有关部门将中央政府放给企业的权利坚决放给企业，要全面推行厂长（经理）负责制，厂长对企业负有全面责任，处于中心地位，起中心作用。这一系列政策的实施，使国营企业和政府的关系发生了实质性的变化。企业开始成为相对独立、自主经营、自负盈亏的经济实体，企业经营者的地位和责任发生了重大变化，传统劳动关系中国家的“家长”身份不断弱化。

（五）劳动争议处理制度恢复

1980年7月，为适应外商投资企业的发展，协调外商投资企业劳动关系，国务院公布《中外合资经营企业劳动管理规定》，规定合资企业劳动争议的处理程序为协商、仲裁、诉讼。1986年，随着实体用工制度的改革，也就随之产生了制定与新的用工制度相适应的劳动争议处理制度的要求。1986年7月31日，国务院颁布了《国营企业劳动争议处理暂行规定》，恢复了中断多年的劳动争议仲裁和审判制度。伴随着以契约形式确立劳动关系代替依靠行政力量确立劳动关系，各种不同类型的所有制企业之间的劳动争议更加突出，制定统一的劳动争议处理制度势在必行。这一时期的劳动争议主要发生在国营企业，一方面，由于劳动争议的法律制度还不完善；另一方面，由于人们的法律意识并不强，在遇到争议的时候更多的是采取了行政的或者协商的方式加以处理。

（六）职代会是企业民主管理主要形式

1981年7月，全国总工会等单位制定并经中共中央、国务院转发了《国营工业企业职工代表大会暂行条例》，强调职工当家做主，民主管理企业，是社会主义企业同资本主义企业的根本区别之一。职工代表大会是办好社会主义企业的基本组织形式。每个企业必须按照《条例》的规定，有准备地、切实地把职工代表大会制度建立起来。从此，被“文革”扭曲和中断的企业职工民主管理制度得以恢复。1986年9月，中共中央、国务院颁布了《全民所有制工业企业职工代表大会条例》，将审议建议权、审议通过权、审议决定权、评议监督权和选举推荐权等项权利规定为职代会的基本权利。职代会制度在国有企业改革过程中为劳动关系的稳定和职工权益保障发挥了重要作用。但随着国有企业改革及非公经济的发展，以公有产权为前提设计的职代会权力体系与《公司法》等法律中产权体系的设置发生一定的冲突，职代会制度的运行亟须在制度上加以规范。

（七）集体合同制度恢复起步、双向共保

改革开放初期实施的集体合同制度主要还是以体现生产和福利两大内容的共保合同为主要形式。1979 年 10 月，中华全国总工会九届二次执委会议发出了在全民所有制企业签订集体合同的倡议。1983 年发布的《中华人民共和国中外合资经营企业法实施条例》等对集体合同制度作了规定。这一时期的集体合同也称为共保合同，即行政保证职工的工资福利待遇，工会保证组织动员职工生产。共保合同所揭示的是劳动关系主体各方利益一体化的社会特征，体现的是“生产、生活、教育三位一体”的工会模式。

（八）政府干预色彩浓厚

计划经济劳动关系体制下的政府充当着最终雇主的角色，掌握着劳动标准的制度供给。政府在劳动关系中的一般功能是产权利益和劳权利益的共同维护。为实现这一目的，政府在劳动关系体制中通常采用制定规制并监督规制实施，监控协调劳动关系的运行，以及时处理劳动关系冲突。1982 年国务院专门发布了《企业职工奖惩条例》，这虽然是法制化的表现，但由于当时还是计划经济，法律、法规、规章主要作为国家干预、行政管理的工具，表现出强烈的行政色彩。

二、1992—1997 年：市场经济体制

（一）减员增效和下岗浪潮推动劳动力市场形成

1993 年 11 月，中央发布的《关于建立社会主义市场经济体制若干问

题的决定》中第一次明确地提出了“改革劳动制度，逐步形成劳动力市场”的劳动制度改革思路。1993 年 12 月，原劳动部发布的《关于建立社会主义市场经济体制时期劳动体制改革总体设想》中，将“劳动力市场”定义为生产要素市场的重要组成部分。

伴随着 1992 年现代企业制度的推行，建立劳动力市场成为劳动制度改革的主要目标。而在“减员增效”的目标下，国有企业开始了大规模的“下岗”浪潮。数千万下岗职工的出现，为城市劳动力市场的建设提供了丰富的劳动力资源。但在名义上，下岗职工还保留着与原企业的劳动关系。

在国务院 1997 年 1 月上旬召开的国有企业职工再就业工作会议上，中央政府进一步提出，解决国有企业的困难，要在坚持企业改组、改造、改制和加强企业管理的同时，坚持走减员增效、下岗分流、规范破产、鼓励兼并的路子。在这一阶段，企业用工制度改革围绕着裁减企业富余人员的工作进一步深化，计划经济条件下由国家通过企业行政与职工所构成的以“国家利益”为出发点的劳动关系，加速向市场经济条件下以劳动力供求双方的利益关系为基础的社会经济关系转型。

（二）劳动合同制度全面推进

1992 年，《关于深化企业劳动人事、工资分配、社会保险制度改革的意见》发布，明确要求落实企业的权力，逐步打破企业中干部和工人的身份界限，逐步推行全员劳动合同制，打破企业中固定工和新招合同制工人的界限。1992 年 2 月，《关于扩大试行全员劳动合同制的通知》发布，要求各省、自治区、直辖市选择市县试行全员劳动合同制。全员劳动合同制度的推行，否定了在国营企业实行 40 余年的“固定工”用工制度，国有企业工人的身份开始发生变化。

我国劳动合同制度的重大发展和转折是在 1994 年《劳动法》颁布后。《劳动法》以较大篇幅规定了劳动合同制度，规定所有用人单位不分所有制性质一律实行劳动合同制，劳动合同制成为法定的用工制度。劳动者的范围也从新招用的职工扩大到所有的劳动者。《劳动法》将劳动合同制确定为一种强制性而非选择性的法律制度，并具体规定了劳动合同的订立、变更、解除等制度，标志着我国劳动合同制度的正式建立。《劳动法》颁布施行后，为配合劳动合同制度的执行，政府制定了一系列劳动合同的配套规章。劳动合同制度的全面推进，完成了中国劳动力市场的并轨和企业劳动者在劳动关系中身份的确认。

（三）劳动关系呈现多样化特征，利益主体分化

从20世纪90年代后期开始，国有企业实施改制。企业改制对于大企业而言是一个股份化的过程，而对绝大多数中小企业而言，则是一次快速私有化的过程。与此相配套的是国有企业职工的身份置换。所谓职工置换身份，是指按职工的工龄支付给职工一定的补偿，从而一次性地“买断”职工的“国有企业职工”身份，职工以雇佣劳动者的身份进入劳动力市场和社会保障体系。

随着经济体制改革的不断深化，我国逐步建立起了以公有制为主体的多种经济成分并存的所有制经济结构，除国有、集体企业外，还出现了中外合资、中外合作、外商独资、私营企业、乡镇企业及股份制等多种类型的企业，不同类型企业的劳动关系有着不同的性质、形式和特质。中外合资企业劳动关系具有国家资本主义性质，外商独资企业和私营企业劳动关系具有雇佣劳动性质，乡镇企业和各种联合企业中的劳动关系也具有其特殊性。即使同一所有制类型企业的劳动关系也有不同的表现形式，如国有经济中还有承包制、租赁制以及国有民营等劳动关系。这就改变了在计划经济时期单一的国有企业和集体企业劳动关系格局。

（四）集体合同厘清认识，积极推行

1992年4月，新《工会法》颁布实施，规定工会帮助、指导职工与企

业、事业单位行政方面签订劳动合同。工会可以代表职工与企业、事业单位行政方面签订集体合同。集体合同草案应当提交职工代表大会或者全体职工讨论通过。《劳动法》对集体合同的内容、订立程序、法律效力和有关争议的处理等问题作出了比较具体的法律规定。2004 年 12 月，《集体合同规定》颁布，更加详细地规定了集体合同制度的各项内容，以指导和规范集体协商及签订集体合同，协调处理集体合同争议，加强集体合同管理。《劳动法》颁布后，全总提出了工会工作总体思路，把集体合同制度提升到突出工会维护职能，带动工会工作全面开展的基本制度形式的高度，并要求在全国范围内全面推行。1995 年 8 月，全总颁布《工会参加平等协商和签订集体合同试行办法》，明确各类企业的工会组织代表职工与企业就涉及职工合法权益等事项进行平等协商。

（五）劳动争议持续增长，争议处理制度基本建立

随着改革进程加快，1992 年开始，劳动力大量流动，产生新的劳动关系，劳动争议开始进入一个快速增长且复杂多变的时期。1993 年开始，劳动争议案件出现了快速增长。此阶段劳动争议的特点是集体劳动争议数量增多，实行合同制的劳动争议增多，劳动争议日益显著化，劳动争议的处理难度增大。

1993 年，《企业劳动争议处理条例》颁布，基本确立了劳动争议处理制度的“一调一裁两审”的处理机制。同年，《劳动争议仲裁委员会组织规则》《劳动争议仲裁委员会办案规则》《企业劳动争议调解委员会组织和工作规则》等一系列规章颁布，对劳动争议处理制度的框架进行了构建。通过《劳动法》的确认，我国“一调一裁两审”的劳动争议处理制度以法律形式固定下来。

（六）政府职能开始转变

劳动合同制的推行改变了劳动关系主体双方的利益高度重叠的格局，

使劳动关系步入契约化运行轨道，政府角色的定位逐渐明朗。一方面，政府制定和执行对下岗职工的补偿扶助政策，为国有企业改革提供稳定的劳动关系环境；另一方面，把劳动关系调解者的角色塑造作为政府改革的目标，尤其见于1993年原劳动部《关于建立社会主义市场经济体制时期劳动制度改革总体设想》，规定政府在劳动关系中的基本职责为：通过国家立法制定劳动基准以规范劳动关系，通过劳动行政监察维护劳动关系，通过司法仲裁保障劳动关系双方权益的机制。

三、1998—2007年：劳动关系市场化、法制化

（一）劳动关系市场化基本形成

在这一阶段，国有企业的转型和结构性调整进入一个关键时期。对国企的全面改制主要在两个层面进行：一是通过出售、转让等多种方式将大批国有中小企业改造为私营企业，大量的中小型国有企业转变为私营企业或者股份制企业，不少企业关闭破产；二是对国有大中型企业实行股份制改造，在这些企业建立“现代企业制度”。2003年10月，党的十六届三中全会作出《关于完善社会主义市场经济体制若干问题的决定》，标志着我国社会主义市场经济体制初步建立。

与此同时，劳动力市场逐步发育成熟，劳动力供求双方日益具有相对独立性，成为对等的利益主体，劳动关系归属企业化，在此基础上形成了真正市场经济意义上的劳动关系。其主要标志为：一是企业自主用人、劳动者自主就业的双向选择机制已经初步形成，劳动力资源的配置已转变为以企业为主体通过市场机制进行调节；二是在企业内部基本建立起由劳动力市场供求关系调节的工资分配制度；三是劳动关系的形成和调节方式，已经主要通过契约的形式来实现，其具体表现为劳动合同和集体合同。劳动者的就业选择与企业的用人选择、劳动工资标准的制

定、社会保险标准、劳动力流动等有关劳动关系的各方面内容，都主要通过劳动力市场机制来调节。

（二）劳动关系法制化正逐步加强

市场化的劳动关系呼吁法制化，1999 年《失业保险条例》，2001 年《职业病防治法》《工会法》修改决定，2002 年《安全生产法》，2003 年《工伤保险条例》，2004 年《企业最低工资规定》《集体合同条例》，2007 年《就业促进法》《劳动争议调解仲裁法》相继出台，劳动关系法制化快速发展，劳动法律体系基本形成。

（三）劳动关系全球化初见端倪

在经济全球化的背景下，我国劳动关系在主体结构、劳动标准、调整方式等方面也开始了国际化的趋向，即劳动关系的调整，劳动关系已经不仅仅是一个国家内部事务，而且要直接受到国际经贸规则和国际劳工标准的制约。国际劳工标准对我国的劳动立法和企业劳动标准的设置发挥直接影响，同时，我国协调劳动关系的手段也在更多地借鉴通行的国际管理。

（四）集体合同制度逐步完善

2000 年，《工资集体协商试行办法》颁布，工资集体协商作为吸引劳动关系双方参与集体合同制度建设的手段被重点强调。2000 年，全总出台的《关于推行平等协商和集体合同制度工作的意见》要求各级工会在努力提高企业集体合同建制率的同时，进一步扩大职工覆盖面。2004 年，新的《集体合同规定》颁布，该规定就集体协商的原则，集体协商的内容，集体协商代表，集体协商程序，集体合同的订立、变更、解除和终止，集体合同审查，集体协商争议的协调处理等问题进行了更为详细、具体的规定。《劳动合同法》对集体合同作了专章规定，明确了集体合同中的工会代表原则，并首次以法律的形式对行业集体合同和区域集体合同作了规定。

（五）协调劳动关系三方机制建立

2001年8月，全总与原劳动保障部、中国企业联合会和企业家协会召开会议，原则通过了《关于建立国家协调劳动关系三方会议制度的意见》，正式建立了国家协调劳动关系三方会议制度。2001年《工会法》也规定："各级人民政府劳动行政部门应当会同同级工会和企业方面代表，建立劳动关系三方协商机制，共同研究解决劳动关系方面的重大问题。"2002年8月，《关于建立健全劳动关系三方协调机制的指导意见》发布，要求已经建立了三方协调机制的省份，要在总结实践经验的基础上，将这个机制逐步向市、县区一级延伸，形成本地区多层次的三方协调机制。

四、2008年至今：劳动关系新常态

（一）劳动关系主体呈现新特点

从劳动关系的劳动者一方主体来看，农民工在数量上已超过城镇劳动者，成为我国劳动关系的主体因素。如何平等地处理农民工的劳动关系，已经成为劳动关系调整的重心，也是我国经济持续发展和劳动关系和谐发展的关键。从劳动关系的用人单位一方来看，非公企业已经成为最重要的用工主体。尤其是中小企业，不仅已经成为我国经济发展最具活力的实体，更重要的是，已经成为我国吸纳就业的主要途径。

（二）新型用工模式出现，非标准化劳动关系凸显

随着互联网经济的蓬勃发展，互联网企业的用工管理和劳动者的工作行为都发生了深刻的变化。企业用工需求碎片化、工作场所虚拟化等因素导致"云就业"出现，基于传统岗位形成的劳动关系管理规范面临挑战。即使在传统就业岗位，以劳务派遣为代表的非标准化劳动关系仍占一定比

重。2008年以后，劳务派遣用工曾出现了大幅度的增长，其后通过修订法律、制定配套部门规章的形式对其进行限制，劳务派遣用工的比例有所下降，但仍在全国各行各业中成为一种重要的用工方式。

（三）劳动关系主体间冲突矛盾调和难度大

劳动者追求工资福利最大化，企业追求利润最大化，两者利益是此消彼长的关系。自劳动关系产生以来，由于资本自身的特性，劳资双方的利益冲突、劳资对抗不可避免，只是这种对抗在不同历史时期有不同的表现形式。当前，我国正处在经济转轨和社会转型时期，劳动关系问题的集中爆发，劳动关系主体间冲突矛盾调和难度大，实际上折射出多年来经济结构和就业结构积累的问题，是长期以来低成本、粗放型经济发展模式的必然产物。

（四）适应市场化的工资分配机制尚未形成

当前企业工资差别较大，主要表现在三个方面：一是初次分配中工资比重较低，二是行业工资水平差距过大，三是普通职工的工资收入增长偏慢。从这三个主要问题反映出，当前我国企业工资分配制度及调控方式还难以适应市场化的工资分配机制，既不利于充分发挥市场分配机制的优点，也不能有效抑制市场分配机制的自身缺陷。

（五）劳动基准问题成为劳动关系的重要问题

劳动基准是指为了保障劳动者最起码的劳动报酬、劳动条件而规定的最低限度的措施和要求，包括工时制度、休假制度、劳动安全卫生制度、工资保障制度、女工未成年工保护等。我国劳动基准法效力机制存在公法效力弱化导致劳动基准难以实现、法律缺乏劳动者在私法层面上的权利规定、法律缺乏在公法效力与私法自治之间必要的弹性空间等问题。

（六）劳动争议案件数量高位运行，争议处理制度创新

2008 年以来，劳动争议案件出现井喷，此后一直维持高位运行。劳动者的诉求由争取基本劳动条件逐渐向要求分享企业发展成果转变，由以劳动报酬为主向包括劳动报酬、年终绩效分配、社会保险、解除或终止劳动合同的经济补偿、赔偿金、休息休假等多维诉求转变。劳动争议由以集体、国有改制企业为主向民营企业为主转变，且案件多发于经济发达地区。劳动者集体维权现象较多，集体争议涉及人数较多。

针对我国劳动争议正处于历史高发期的现状，《劳动争议调解仲裁法》颁布施行。在维持“先裁后审”不变的前提下，推行“一裁终局”制度，大大缩短了小额案件的处理周期。同时，加强劳动争议的协商调解工作，尤其是将劳动争议调解纳入化解社会矛盾大调解机制，有效地对仲裁案件进行了分流。推行劳动争议仲裁机构实体化建设，缩短仲裁办案时限，提高了劳动争议处理效率。

“集体劳动争议”与“劳动关系群体性事件”的对话[①]

——集体劳动争议相关概念之辨析

冯喜良[*]

一、有关集体劳动争议的概念问题

中共中央、国务院在2015年3月21日发布了《关于构建和谐劳动关系的意见》（以下简称《意见》），这将对中国劳动关系的健康发展产生积极的推动作用。特别是在集体劳动争议处理方面，《意见》将“因签订集体合同发生的争议和集体停工事件”与性质有别的“劳动关系群体性事件”区别对待，并根据不同性质明确了各自相应的解决路径、责任主体和调处措施。对因签订集体合同发生的争议和集体停工事件，《意见》在第十五条中指出，需要“健全劳动争议调解仲裁机制……依托协调劳动关系三方机制完善协调处理集体协商争议的办法，有效调处因签订集体合同发

① 本文受国家社会科学基金重大项目“集体劳动争议的预防与处理机制的系统化建构研究”（14ZDA066）资助。

* 冯喜良，日本流通经济大学社会学博士，首都经济贸易大学劳动经济学院院长，教授。兼任中国社会学会劳动社会学专业委员会副会长、中国人力资源开发研究会劳动关系分会副会长、中国人力资源开发研究会常务理事。主要从事劳动关系、劳动社会学、劳动就业方面的研究和教学工作。主持并参与国家科学基金课题10余项，目前正在主持国家社科基金重大项目《集体劳动争议预防与处理机制的系统化建构研究》。

争议和集体停工事件”。对于劳动关系群体性事件，《意见》在第十六条中指出：“完善劳动关系群体性事件预防和应急处置机制。加强对劳动关系形势的分析研判，有效防范群体性事件……健全党委领导下的政府负责，有关部门和工会、企业代表组织共同参与的群体性事件应急联动处置机制，形成快速反应和处置工作合力，督促指导企业落实主体责任，及时妥善处置群体性事件。”从以上针对集体劳动争议处理方面的条款来看，《意见》已明确指出了两个重要的问题。其一是要厘清有关集体劳动争议的基本概念问题；其二是要将预防协调机制落在实处的问题。本文认为，厘清概念乃当下落实预防协调机制的重要基础，而从现实来看，在概念问题上仍旧存在着较为混淆的看法。

近年来，随着我国市场体制的进一步完善以及经济社会逐步进入新常态阶段，劳动关系矛盾已进入凸显期和多发期，由各种原因引发的劳动争议案件居高不下，同时，伴随着劳动关系集体化转型的不断发展，集体劳动争议日趋增多。集体劳动争议在现实中多样化的表现使得在相关的概念的区分问题上尚存在亟待厘清之处。笔者主张将“因签订集体合同发生的争议和集体停工事件”与“劳动关系群体性事件”区别对待，才更加符合当前我国劳动争议的客观现实。这也为妥善调处集体劳动争议、预防和控制由于矛盾激化而发展成劳动关系群体性事件提供了有效的思路。在《意见》的框架下，如何研究判断当前实际发生的劳动争议是否属于“劳动关系群体性事件”，不仅是一个学术问题，更是一个政策性问题，它将直接影响政府及相关部门采取何种方式来调处或处置相关劳动争议的行为选择。本文将从集体劳动争议和劳动关系群体性事件的特征与发展过程对上述问题进行分析探讨，从而为研判劳动争议的性质提供相应的理论参考。

二、集体劳动争议与劳动关系群体性事件的内涵辨析

针对当前我国发生的集体劳动争议，学界和实务界也有不同的认识，

有的称之为“群体劳动争议”（王全兴，2015）或者“群体性劳动争议”，对同一社会现象，使用不同的概念或术语进行描述，往往意味着认识和判断的差异。因此，如何辨析两者的内涵和关联则成为判别“劳动关系群体性事件”的基础环节。而就目前的研究来看，对于集体劳动争议的界定问题，虽然说法不一，但基本上因循两个主要的路径：即从争议本身进行描述性的界定或从争议调处的方式来进行功能性界定（郭捷，2011）。换言之，要考察两个概念内在的区别，就需要从概念的内涵与其调处方式两个视角来进行辨析。

（一）集体劳动争议的内涵及调处方式

集体劳动争议是集体劳动关系运行过程中出现的正常现象，主要依托三方协商机制调处解决。集体劳动争议也可称为集体争议（Collective Labor Disputes），是指集体劳动关系中存在共同性或关联性的劳动者或者劳动者集体，因劳动条件、社会保障等方面的权利义务问题，与雇主发生的法律纠纷。一般认为集体劳动争议是劳动者的群体性、利益相关性所导致的社会现象。我国《劳动法》第八十四条和《集体合同规定》第七章所规定的集体劳动争议，包括集体协商争议和集体合同履行争议。前者即就订立或变更集体合同进行集体协商过程中发生的争议，这与西方国家立法、理论界和实务界对集体劳动争议的共识基本一致。

对于集体劳动争议的调处，我国《劳动法》第八十四条第一款规定：“当事人协商解决不成的，当地人民政府劳动行政部门可以组织有关各方协调处理。”在《集体合同规定》第四十九条和五十条规定：“集体协商过程中发生争议，双方当事人不能协商解决的，当事人一方或双方可以书面向劳动保障行政部门提出协调处理申请；未提出申请的，劳动保障行政部门认为必要时也可以进行协调处理。劳动保障行政部门应当组织同级工会和企业组织等三方面的人员，共同协调处理集体协商争议。”

在西方市场经济国家，对于集体劳动争议、特别是集体协商过程中发生的争议，也大多采取劳资双方自行协商解决的调处方式。例如，日本集体劳动争议的主要处理机构是劳动委员会，当劳动争议发生时，原则上由劳资双方自行解决，劳动关系调整法规定：劳动委员会对于自行解决要给予协助，无法自行解决则需要劳动委员会的介入，主要的处理程序有调解、调停和仲裁程序以及紧急调整程序。劳动委员会由劳方、资方和公益方委员组成，公益方委员通常是经济、法律专业的教授、有过法官经历的专业人士以及律师，会长由公益方委员担任，政府不参加劳动委员会。委员会的主要职能有两项，一是受理雇主的不当劳动行为的申诉；二是处理因集体谈判而发生的利益争议。

（二）劳动关系群体性事件的内涵及处置方式

群体性事件是指，由社会矛盾引发，由特定和不特定的某些具有共同利益的偶合群体，以一定的目的为基础，以合法或者非法的规模性聚集形式，表达诉求和主张、维护自身利益等带有明显的利益诉求的体制外活动，对社会秩序和稳定造成一定影响的事件。群体性事件往往对法制秩序、治安秩序、交通秩序等产生冲击，影响社会安宁、扰乱正常的生产和生活秩序。而劳动关系群体性事件，则可理解为是由劳动关系矛盾所引发的以劳动者为主体的群体性事件。由于劳动关系群体性事件在多数情况下对社会正常秩序和稳定形成了一定的影响，所以在处置方式上与集体劳动争议和集体停工事件有较大差异（陈步雷，2009）。

如前所述，在我国对于劳动关系群体性事件，主要采取预防和应急处置机制，即加强对劳动关系形势的分析研判，有效防范群体性事件，健全党委领导下的政府负责，有关部门和工会、企业代表组织共同参与的群体性事件应急联动处置机制，及时妥善处置群体性事件。

本文从对两个概念的内涵与处理方式的对比可以看出，在现实中存在着集体劳动争议以群体事件的方式调处，而群体性事件也会出现以集体劳动争议方式调处的方式解决的问题。这一问题可以概括为“概念与执行的错位”。因此，通过分析我国集体劳动争议的基本特征，并将其从与“群体性事件”这一概念的混淆中及时剥离出来十分必要。

三、当前中国集体劳动争议的主要特征

（一）当前我国发生的集体劳动争议的本质属性未变

在社会转型时期，正视我国集体劳动争议高发的现实是进一步探索其现状特征的前提条件。中共中央国务院的《意见》对当前中国劳动关系的状况进行了客观和科学的分析，认为“各级党委和政府认真贯彻落实党中央和国务院的决策部署，取得了积极成效，总体保持了全国劳动关系和谐稳定”；在肯定成效的同时也明确指出“我国正处于经济社会转型时期，劳动关系的主体及其利益诉求越来越多元化，劳动关系矛盾已进入凸显期和多发期，劳动争议案件居高不下……集体停工和群体性事件时有发生，构建和谐劳动关系的任务艰巨繁重”。

在集体劳动争议逐步增加的形势下，针对我国当前发生的集体劳动争议，学术界也有不同的认识。部分学者认为，我国的个别劳动争议在向集体劳动争议的发展过程中，正在经历着“群体劳动争议”的阶段，换言之，目前的集体劳动争议大多具有群体性的特征。这一认识与中央指导《意见》中的“劳动关系群体性事件”容易产生混淆，会导致劳动关系群体性事件认定扩大化的可能性，进而对实际操作产生不应有的不利影响。

笔者认为，我国当前所发生的集体劳动争议以及集体停工事件，与市场经济国家成熟的因集体谈判引发的劳资争议及其调处机制相比，虽然具有缺乏规范性，处理任意性等特征，但就其本质来看仍然属于集体劳动争议。其主要理由如下：

第一，其目的是签订集体合同或专项集体合同。集体劳动争议是为了

签订集体合同而在集体协商过程中发生的劳动争议，或履行集体合同时发生的利益争议。我国《集体合同规定》明确指出，“集体合同，是指用人单位与本单位职工根据法律、法规、规章的规定，就劳动报酬、工作时间、休息休假、劳动安全卫生、职业培训、保险福利等事项，通过集体协商签订的书面协议；所称专项集体合同，是指用人单位与本单位职工根据法律、法规、规章的规定，就集体协商的某项内容签订的专项书面协议”。纵观我国目前实际发生的集体劳动争议和集体停工事件，其目的大多是为了签订专项集体合同。劳动者从保障自身利益出发，就劳动报酬、工资增长、经济补偿、工作时间、社会保险福利等某项内容，希望通过协商与雇主达成相应的协议。这种单项协议与传统意义上的综合性集体合同相比，虽然不够完善和规范，但其本质仍然属于专项集体合同的范畴，由此引发的劳动争议可以认为是在签订和变更专项集体合同过程中发生的集体劳动争议。

第二，目前我国集体劳动争议和集体停工事件大多是由前期沟通协商无果的状况引发的。从我国集体劳动争议和集体停工事件发生的过程来看，在劳动争议和集体停工事件形成之前，劳动者代表与雇主均有过不同程度的沟通和协商，当协商遭到拒绝或遭受不对等、不公平的协商时，在其他救济机制未能到位、劳动者感到诉求无果的状态下，才会促成相对过激的集体停工事件。这种劳资之间的沟通，虽然尚不能界定为一种在正式规则程序规范下的互动，但从实际案例中已经显现出劳方在一定程度上以公开抱怨、向上级管理者或工会反映意见，试图沟通的状况。然而，这种劳资互动仍旧是一种非正式的行为。无论从沟通的话语还是具体的行为上来说，双方都没有就争议点达成合意。例如，在2010年大连开发区、广东汽车制造业发生的连锁停工事件中，这种情况是较为多见的（孟泉，2014）。

另外，目前实际发生的劳资之间的前期集体协商，虽然在协商代表的法定资格、遴选程序、上级工会的指导、政府管理部门的介入等多方面存在着许多不规范之处，但为了签订某项集体合同而进行的劳资之间的集体协商这一本质属性清晰可见（Chen，2010）。

（二）集体劳动争议的发展与转化

在社会现实中，每一个集体劳动争议大多经历了由小到大、由简单到复杂的发展变化过程。同时，劳动关系群体性事件多数情况下也是由集体劳动争议转化而来的。目前在我国劳动关系领域，由集体劳动争议激化为劳动关系群体性事件的案例正在逐渐减少。从我国劳动关系群体性事件的发展过程来看，过激的群体性事件大多数是由初期的集体劳动争议或较平和的集体停工事件，未能及时有效地得到缓解和解决，在多种原因的激化下形成的。近年来，随着劳动者依法维权意识的提高，集体行动的形式也在发生变化。常凯教授在分析2010年工人集体行动的特征时指出，工人集体行动出现了法制理性，虽然多为自发，但行动范围局限在工作场所，很少出现诸如上街、堵路、破坏公物、扰乱公共秩序的过激行为。由此可见，在当前我国实际发生的集体劳动争议中，接近传统内涵的集体劳动争议占绝大多数，而转化为劳动关系群体性事件的只占少数。当前众多的集体劳动争议虽然具有一定的群体性，但是，把群体劳动争议看作是一个发展阶段，并且是介于个别劳动争议与集体劳动争议之间的一种新型劳动争议的认识有待商榷。目前所发生的集体劳动争议虽然缺乏规范、有待完善，但其仍然具有集体劳动争议的基本性质，而劳动关系群体性事件则是极少数劳动争议被激化的产物，也是发展过程中的正常现象。

另外，从我国集体劳动关系生成、发展和成熟的角度看，“以国家法律作为集体劳动关系是否发生发展和成熟的唯一标志似乎是不够的；同时，我们也不支持从国家法律和劳动政策的角度，将尚未规范化的集体劳动关系称为群体劳动关系（段毅、李琪，2014）”。可以说，我国当前实际发生的缺乏规范、有待完善的集体劳动争议是传统的、规范的集体劳动争议的初期阶段，也是尚未规范化的集体劳动关系的外在表现或直接结果。

四、结论

在中国劳动关系发展过程中，集体劳动争议和劳动关系群体性事件在其内涵、社会影响以及调处方式上有着本质的区别。集体劳动争议是在签订、变更和履行集体合同过程中发生的劳动争议，是协调劳动关系中出现的正常问题，其调处方式以劳、资、政三方协商机制为基础，通过劳资共同协商来化解争议。而劳动关系群体性事件，虽然也是劳动关系协调过程中时有发生的基本问题，但其社会影响较大，常常会冲击正常的生产和生活秩序，给社会安定带来一定的负面影响，因此，其处置方式以预防和应急处置机制为主，通过党委，政府有关部门，工会，企业代表组织共同参与的应急联动和快速反应机制来防范和处置。由此可见，在实际工作中，如何区分和研判集体劳动争议与劳动关系群体性事件是正确把握和化解劳资矛盾的关键环节，也是构建和谐劳动关系的基础性工作。中共中央国务院在《关于构建和谐劳动关系的意见》中提出将“因签订集体合同发生的争议和集体停工事件”与“劳动关系群体性事件”区别对待的客观判断，将对中国劳动关系的健康可持续发展产生深远的积极作用。

（本文曾发表于《中国人力资源开发》2015 年 09 期）

从冲突到和谐：国有企业劳动关系转型案例分析

鲁竞夫　李　敏* 王怀忠

自 1978 年改革开放以来，中国在过去 30 余年间经历了由计划经济向市场经济的巨变，其中“最重要的改变是始于 1992 年，并于 1995 年全面推开的国有企业改革和改组”（程延园、王甫希，2012）。在此过程中，“减员增效、下岗分流”打碎了数以千万计的国有企业职工的铁饭碗，其中尤以资源型国有企业的处境最为艰难。这主要是因为其员工技术可转移性受限制，员工也习惯了计划经济体制内的“铁饭碗”，导致“分流富余人员、减员增效”难上加难（孟韬、于立，2006）。于是，资源型国有企业劳动关系转型过程中的矛盾层出不穷。K 集团是位于浙江的一家资源型

---

* 鲁竞夫，华南理工大学工商管理学院博士生。李敏，中山大学管理学博士、英国 Warwick 大学商学院博士后，博士生导师，华南理工大学工商管理学院管理学系教授，劳动关系研究中心主任。为近 30 家跨国公司及中国公司提供咨询或担任顾问，兼任中国人力资源开发研究会劳动关系分会常务理事、广东省人力资源管理协会副秘书长、广东劳动学会劳动关系专业委员会副主任、广东省雇主工作联席会议专家组专家、广东省人力资源和社会保障厅专家咨询委员会专家委员。研究领域主要集中于国际企业人力资源管理和企业劳资关系冲突管理，主持并完成国家社科基金项目两项，完成国家自然科学基金重点项目子课题一项，完成广东省社科规划项目、教育部社科规划、广东省教育厅重大招标项目两项。目前正在主持国家社科基金重点项目子课题一项，国家自然科学基金项目一项，教育部社科基金项目一项，广东省社科基金项目一项。已有 30 多篇研究成果分别发表于重要国际期刊《*British Journal of Industrial Relations*》《*Industrial Relations Journal*》和国内各核心期刊。出版专著《雇佣双赢——私营企业雇佣关系冲突管理》和教材《国际企业管理》。曾应邀到香港浸会大学、澳大利亚新南威尔士大学、莫拿仕大学等进行合作研究。

国有企业，尽管其在劳动关系转型过程中引发了一些冲突，但在省政府的协调下，该企业调整了转型方案并逐步实现了劳动关系转型。本研究将运用嵌入理论和团队冲突理论探究 K 集团劳动关系转型从冲突到和谐的过程。

一、文献回顾

（一）劳动关系转型方案的嵌入性

学界目前专门探究国有企业劳动关系转型的研究尚少。Bacharach（1996）指出企业转型是“组织内认知和行动逻辑从产生分歧到消除分歧的过程”。由此可见，转型（包括劳动关系转型）顺利实现的关键在于转型方案符合企业认知、文化等方面的情境，也即转型方案能够嵌入到企业的具体情境中。

波拉尼（2013）在其《巨变》一书中首次提及“嵌入”的概念，他运用“嵌入”的概念分析工业化社会演进过程中“经济逻辑对社会逻辑的殖民”。Granovetter（1992）进一步将嵌入模式分为关系嵌入和结构嵌入，强调个体和组织的经济行为受到社会体系的影响，使得嵌入理论的可操作性得到了加强。此后，学者们对嵌入的主体与客体进行了深入的研究。其中以 ZuKin 和 Dimaggio（1990）的分类最具代表性，他们提出经济行为嵌入的社会体系可以分为认知体系、文化体系、结构体系和政治体系四个类别。钱勇和曹志来（2011）对此进一步解释说：结构体系的嵌入反映的是“当下人际关系模式对经济交易的情境化效应”；认知体系的嵌入反映的是“心智过程的结构化规律制约经济思维的方式”；文化体系的嵌入反映的是“共享的集体理解在塑造经济策略和目标方面的作用”；政治体系的嵌入反映的是“经济行为主体和非市场机构参与的政治势力斗争以及由此产生的塑造经济制度与决策的方式”。在此基础上，钱勇和曹志来将嵌入因素分为文化嵌入（内涵上包括 ZuKin 和 Dimaggio 提到的认知嵌入和文化嵌入）、经济嵌入（内涵上相当于 ZuKin 提到的结构嵌入）和政治嵌入，并用以解释国有企业的主辅分离过程。然而，国内学界从嵌入理论视角解释劳动关系转型的研究却并不多见。基于前人的研究，本研究将劳动关系转型方案嵌入的四种客体分为：认知体系、文化体系、政治体系和经济体系（相当于 ZuKin 和 Dimaggio 的结构体系），并提出假设一：当转型方案能够嵌入当地的认知体系、文化体系、政治体系和经济体系中时，劳动关系转型能够顺利实现。

（二）劳动关系转型过程中的冲突

从中国当代劳资关系现状来看，尽管各地方政府将维稳作为重中之重，然而“工人劳动争议、群体性事件恰恰是当下最不稳定的社会现象”（闻效仪，2012）。与西方法治理念下的劳资双方博弈不同，中国国有企业劳动关系转型过程中的劳资双方总是尽力恪守着传统的、“社会公认合式的行为规范”（费孝通称之为“礼治”）。在中国，“公私兼顾”一直是党和政府处理劳动关系的宗旨。刘少奇在《国营工厂内部的矛盾和工会工作的基本任务》中指出，国营企业内部的劳资矛盾“属于人民内部的非对抗矛盾”，应用“同志的、和解的、团结的办法来处理这种矛盾和关系”（冯同庆，2009）。因此，本研究采用团队冲突理论，解释中国国有企业与劳工的“人民内部矛盾”。关于团队冲突，近现代占据学界主流的是冲突的相互作用观点，即认为“在满足一定的条件时，冲突完全可以以一种建设性的方式进行”（Jehn and Neale，1999）。那么在何种条件下，团队冲突不会产生破坏性影响？学术界主要从冲突类型和冲突管理方式两个方面进行了研究。

Amason（1996）将冲突分为两种类型，即认知冲突和关系冲突。认知冲突起源于“彼此之间对任务目标及达成手段的认知差别”，而关系冲突起因于“个体之间的不适应或怀疑”（Jehn，1995）。认知冲突能够一定程度上提升团队的决策质量，因为“来自不同观点的争论的协同综合通常优于各自观点本身”（王国锋等，2007），因此认知冲突被视为一种功能性冲突，控制得当即具有一定建设性；相反，关系冲突“限制了群体的信息处理能力”（王国锋等，2007），被视为一种非功能性冲突，具有破坏性。

除了冲突的类型，“团队冲突能否以建设性的方式进行，在很大程度上取决于团队成员处理冲突的方式”（张新安、何惠等，2009）。西方团队冲突管理理论源于 BlaKe 和 MouTon 的管理方格论，他们提出将冲突管理方式分为合作、竞争、折中、调和以及回避五种（陈晓红、赵可，2010）。Tjosvold（2003）进一步将冲突管理方式提炼为三种：合作型、竞争型以及回避型冲突管理。陈晓红等（2010）对此进行了分疏，指出合作型冲突管理表示“团队成员希望满足各方利益，而采取相互合作以追求共赢结果的做法”；竞争型冲突管理表示“团队成员在冲突中寻找自我利益的满足，而不考虑冲突对其他人影响的做法”；回避型冲突管理表示“团队成员意识到了冲突的存在，但希望逃避或抑制它的做法”。Tjosvold 认为合作型冲突管理有利于冲突的化解；相反，竞争型冲突管理容易导致冲突类型从任务冲突转向关系冲突（Simons & PeTerson，2000）。Wang Jing 和 KlosseK（2007）以及 Chen Liu 和 Tjosvold（2005）均指出，奉行集体主义的中国，关系导向非常明显，出于对和谐人际关系的追求，中国人面对冲突时往往采取回避的态度，而这可能为劳资冲突激化埋下隐患。综上所述，本研究提出假设二：当转型过程中的劳资冲突类型为任务冲突，且冲突管理方式为合作型管理方式时，劳资冲突不会对劳动关系转型产生破坏性影响。

二、嵌入障碍、劳资冲突与第一次转型失败

（一）劳动关系转型的背景

K 集团是位于浙江的一个大型资源型国有企业。据该公司志记载，集团初创时期“正值我国经济建设大跃进时期”，后来一步步成长壮大，成

为当地重要的能源基地。K 集团安居工程办 L 主任和下属电厂 J 书记在采访时均表示 K 集团为省里的经济发展作出了不可磨灭的贡献。在接受采访时，省政府 W 处长对此也表示认可。作为政府，能够顾全大局，对企业在经济发展中的贡献念念不忘，这为 K 集团后续劳动关系转型的成功埋下了伏笔。到二十世纪七八十年代，K 集团发展到了一定规模，职工人数急剧增加。而由于地处偏远，附近没有城镇作为依托，就自行成立了“公安、法庭、检察院和工商管理等机关”。此外，教育、医卫、商业、交通监管等服务网络也一应俱全，形成了一个小社会。如此沉重的社会负担，随着 90 年代中后期资源的枯竭开始突显。到了 2000 年前后，企业经济压力开始增大，从经济层面到劳动关系层面都面临着转型的迫切需求。在劳动关系转型的过程中，K 集团经历过劳资冲突，但最终和谐转型。接下来就这一过程进行分析。

（二）认知体系和文化体系的嵌入障碍

认知体系是个人层面的，与个人见解和认识相关；文化体系是群体层面的，反映群体思维方式。要探讨认知体系和文化体系的嵌入，须先从分析中华民族的文化入手，再逐步分析对比浙江地区文化以及 K 集团文化。

许和隆（2007）认为尽管经历了现代化和国际化进程，传统文化价值观仍然根植于中国人的民族文化之中，“这些观念概括起来说主要是人治的观念、集权的观念、特权的观念以及与农业经济相联系的某些封闭、保守的思想意识和特有的人际观念”。然而，在地域文化层面，浙江却有着不同于中国传统文化的特点。一方面，浙江文化在传统上就具有创新的特点，沈善洪和吴光（1992）认为浙江儒学具有反对崇拜权威、强调创新和实践、注意兼容并蓄的特点；另一方面，新中国成立后的经济发展格局也对浙江的文化产生了影响。陆立旭（2008）指出：新中国成立后，由于浙江接受国家投资较少，这反而使浙江人的创新文化得以进一步强化。

然而，在浙江这样一块富有创新精神的土地上，K 集团却依旧保留着传统的中国文化的特色。人口构成上，《K集团人口普查记事》如此描述：

> K（集团）人来自五湖四海……在K（集团）的人涉及17个省籍，至于浙江省则每个县都有人在K（集团）工作。

由此我们可以预见多省份的人员构成使得浙江地域文化对于K集团的影响并不深入，反而是K集团内部的“小社会”文化影响更为深远。在《K（集团）职工文学作品选编》上的一篇文章如是描述其特有的文化：

> 它们各自融合了当地的生活习俗，在语言、行动、处事方式上或多或少地牵扯着，同时又保留着K（集团）这个特殊团体的共性。

采访中当笔者问到K集团企业文化的特点时，许多员工都提到吃苦耐劳和奉献精神，而只字未提“创新”“创业”，这与浙江文化显得格格不入。

总之，K集团的人口构成、资源型垄断特征等使得其并未吸收周边民营经济的创新文化，在文化上成为一个典型的国有企业。高玉泽（1999）指出“国有企业职工与企业之间有着一个暗含的合约，即他们有不被解雇的权力（或曰‘铁饭碗’）”，而这种“铁饭碗使职工没有进取与忧患意识”（陈祖新，1992）。比如，王晓晖（2007）的研究显示，“民营企业在学习型组织文化的六个维度以及总体学习文化氛围上都明显地优于国有企业”。

值得注意的是，由于K集团具有“企业办社会”的特点，其企业文化已经不仅仅影响企业层面，而是根植于当地社会，代表了K集团所在地区的地域文化，而群体文化又会进一步影响个体认知，这为其之后的劳动关系转型方案嵌入当地的认知体系和文化体系增加了障碍。

（三）经济体系和政治体系的嵌入障碍

浙江的民营经济的力量十分强大，“尤其是温州模式的兴起——它使浙江沿海地区私营企业的发展得到了普及”（加拉格尔，2010）。更为令人吃惊的是在浙江一些地区形成了“零资源经济”现象，即“区域经济的发展不以本地自然资源为依托，形成生产原料与销售市场两头在外的经济发展模式”（陆立旭，2008）。对于浙江省的经济特点，省政府W处长将其概括为“三个多”：民营企业多、外来人口多、中小企业多。

由此可见，以民营经济为主体、以中小企业为主体的浙江地区经济体系，与K集团所属地区以国营垄断为特征的经济体系形成了鲜明的反差，这为K集团之后的劳动关系转型方案嵌入当地的经济体系一方面增加了障碍，但另一方面也提供了机会。

除了经济结构方面，K集团在政治治理方面也表现出国家的威权，“国家不仅是一个政治结构安排，还是一个文化现象，它影响着人们的行动，给予着人们解释世界的方式。”（张静，2005）学界有大量研究指出中国地方政府对于利益集团的管控呈现不同程度的国家主义（或曰全能主义）痕迹（如吴建平，2012；范明林、程金，2006等）。这在国有企业层面的表现就是企业管理层对地方政府决策的绝对服从，这也为K集团后续的劳动关系转型设下了障碍。

（四）转型方案嵌入失败与劳资冲突

由于是“企业办社会”，K集团在社会制度的建立上并不完善，最典型的问题是社会保障制度、劳动力市场制度的缺失。而“在社会保险制度特别是待业保险制度的改革没有出台之前，实行企业优化劳动组合难度很大”（张久达、祝恒健，1992），因为“把企业优化劳动组合后多余的人员都推向社会势必大幅增加待业人员，造成社会的不安定”（胡建新，1992）。

而在2005年，K集团恰恰推出了一系列政策，试图迅速完成劳动关系转型。工会Z主席对2005年提出的颇具争议的“富余职工下岗分流”政策如此解读：

当初出台这个方案，一来太仓促，二来涉及职工的重大利益。一个职工在煤矿里干了几十年以后，四五十岁了，没岗位就要解除劳动合同。当初应该讲条件是不成熟的，因为很多社保关系也没办法顺利的衔接。解除劳动合同补偿的标准过低，而我们煤矿都是在比较偏僻的地方，没有任何城市依靠，煤矿工人的技能又相对单一，年龄又偏大，很多身体有伤残，（这样就）没有退路了。

与此同时，K 集团当时的治理受到省政府的指挥程度较大。人力资源部 W 部长分析说：

当时浙江省有个改制文件，就是城镇职工和合同制职工待遇不一样、有区别，那时候我们就讲，（待遇）不一样的话 K（集团）肯定会出事情。

即便私底下认为“肯定会出事情”，但仍然必须推行改制政策，这显示了地方政府在企业面前的政治权威。于是当 K 集团 2005 年的“富余职工下岗分流”政策出台后，便引发了劳资冲突，出现了 K 集团工人集会事件。从嵌入理论角度分析，即是当时推出的劳动关系转型方案无法顺利嵌入 K 集团当时的认知体系、文化体系、经济体系和政治体系。

三、冲突管理与第二次劳动关系转型方案的嵌入

（一）劳资冲突的处理和政治体系的改变

研究表明：冲突的类型（关系冲突或任务冲突）和冲突管理方式（合作型、竞争型、回避型）将决定冲突是否具有破坏性。下文将就这两个方面对 2005 年 K 集团劳资冲突进行分析。

首先是对冲突类型的定性。集团报社 T 社长对 2005 年的劳资冲突评价道：

我们属于人民内部矛盾。作为这个风波（的起因），的确是你企业没有发展，工人没有饭吃，作为省里的话全部理解。

与此类似，工会Z主席如此分析：

经济越发达的地区，维权意识也越强烈，作为政府也是更人文更理性更民主。这个毕竟是人民内部矛盾。经济的问题必然要用经济的手段去解决。职工的愿望也很真实。

可见，K集团管理层对此次冲突，仍然将其定性为“人民内部矛盾”，职工集会的目的也很真实，即希望能够解决出路问题，从冲突理论的角度，属于任务冲突，而非关系冲突。

从劳资冲突的处理方式上来看，工会Z主席回忆说：

（冲突之后）政府成立工作组，和职工代表对话，原来的改革发展脱困方案不成熟，还不够完善，条件也不具备，原来的方案就搁浅不执行。

经过深入了解职工诉求和实际情况，省政府最终决定“充分尊重K集团的历史和客观现实，着力要解决民生和职工重大诉求”。为此，省政府成立了工作组，专门负责听取职工意见，协助K集团转型。在K集团劳资冲突事件发生一周后的集团报纸上，一封《致K公司全体职工的公开信》这样写道：

8月4日、5日，K公司部分职工从进一步完善改革脱困发展总体方案、维护自身合法权益的角度出发，前来公司总部反映意见和要求。对此，省K工作组和K公司已经认真听取了广大职工的意见，与职工进行了对话……省K工作组近期将分头到K公司下属单位听取意见，做到依法有序反映问题。

因此，按照Tjosvold（2003）的冲突管理理论，上至浙江省政府，下至K集团，对待此次冲突的处理方式都是以“听取意见、换取共赢”为主，符合合作型冲突管理方式的内涵。Tjosvold（2003）认为合作型冲突管理方式有利于将冲突控制在任务冲突的范畴而不至于发展到关系冲突，因为“当人们采取合作态度处理冲突时，他们会关注共同问题的解决”（陈晓红、赵可，2010）。从K集团的实际情况来看也确实如此，在访谈中，几位K集团职工都对2005年的劳资冲突表示心痛，并指出即便发生劳资冲突，职工们对于K集团仍然有很深的感情。这意味着，不仅从管理层的角度，而且从当事职工的角度来看，此次冲突最终也没有从任务冲突发展成为关系冲突，这就为冲突后的和谐转型提供了条件。

在正视劳资冲突的前提下，浙江省政府和K集团悉心听取了职工代表的意见，这就首先促进了K集团政治体系的民主化，使得其与浙江省的政治大环境更加契合。此后，K集团在省政府的支持下，推出了全新的转型方案，并由此带来了K集团员工认知体系、文化体系和经济体系的改变，从而使转型方案能够以一种和谐的方式嵌入，完成劳动关系转型。

（二）第二次劳动关系转型方案的针对性政策

在政治体系呈现民主化的特色之后，浙江省政府在政策层面、K集团在制度层面互相配合，分别针对性地做了相关部署。

《浙江国资》2012年第3期一篇对K集团高管的采访纪要如是描述了当时高层的想法：

> 在省委、省政府的高度重视和省国资委等省级有关部门的大力支持下，K集团实施了剥离企业办社会职能、提前退休、自愿解除劳动关系、安居工程等一系列政策举措，为企业减轻了负担，使集团能够轻装上阵。

笔者通过对K集团文件的梳理，发现从2005年开始，K集团在浙江省政府的支持下，共实施了15项惠民生的政策，内容涉及养老、医疗、退休、安居、再就业等方面。其中，养老、医疗、退休、安居等政策主要是为了建立和完善K集团员工的社会保障体系，以解决员工的后顾之忧；而再就业政策则是对自愿解除劳动关系的员工给予一次性的安置费用，目的在于鼓励职工打破资源型垄断企业内的束缚，走出体制外就业。

同时，K集团自身也开始设计一系列再就业制度。集团报社T社长对此总结为两个方面：一是集团成立了招商办，专门负责招商引资，以解决企业内剩余劳动力就业问题；二是免费开展技能培训，武装职工“大脑”，帮助职工进入劳动力市场。

其实，对国有企业来说，“对企业改革影响较大的问题是在企业职工分流和破产职工安置上社会保障体制如何发挥作用”（陈小洪，1996），而如果“劳动力市场是准健全的，冗员的主动性流出将是可行的”（高玉泽，1999）。浙江省政府的政策和K集团的制度，正是力图为后续劳动关系转型方案的顺利嵌入创造条件。

（三）经济体系的改变

社会保障体系的完善解决了K集团员工的后顾之忧，再就业体系的搭建拓宽了K集团员工的出路，如此一来，国有垄断经济与周边民营经济的隔阂也开始被打破，相当一部分K集团员工开始走出去，参与到周边地区的经济体系中。表1显示了2013年1季度K集团下岗职工再就业情况，从表中可以看到，下岗职工基本都能够实现就业，并且周边城市民营经济吸纳下岗职工的能力强于K集团所在城市。工会Z主席、集团报社T社长对此回忆：

> 只要身体健康，大部分人都能找到工作……很多职工都分流到了杭州、宁波等地，嘉兴也有，湖州就更不用说了……这跟浙江省民营经济发达很有关系。

其实，从嵌入理论的角度分析，围绕在K集团周边的强势民营经济一直存在，只是在渐进式转型之前，既有的政治、经济、认知和文化体系与这种融合相排斥。

表1　2013年1季度K集团下岗职工再就业情况统计

<table>
<tr><th colspan="3">内　容</th><th>人　数（人）</th><th>说　明</th></tr>
<tr><td colspan="3">2013年3月底人数</td><td>1053</td><td></td></tr>
<tr><td rowspan="13">其中</td><td colspan="2">已就业</td><td>984</td><td>占下岗职工人数的93.45%</td></tr>
<tr><td colspan="2">浙江省内就业</td><td>759</td><td>占就业人数的77.13%</td></tr>
<tr><td rowspan="2">其中</td><td>K境内就业</td><td>372</td><td>占就业人数的37.80%</td></tr>
<tr><td>省内其他地方就业</td><td>387</td><td>占就业人数的39.33%</td></tr>
<tr><td colspan="2">省外就业</td><td>225</td><td>占就业人数的22.87%</td></tr>
<tr><td rowspan="3">其中</td><td>从事临时性就业</td><td>465</td><td>占就业人数的47.26%</td></tr>
<tr><td>从事零工性质就业</td><td>352</td><td>占就业人数的35.77%</td></tr>
<tr><td>从事个体或自主创业</td><td>167</td><td>占就业人数的16.97%</td></tr>
<tr><td colspan="2">未就业</td><td>69</td><td>占下岗职工人数的6.55%</td></tr>
<tr><td rowspan="4">其中</td><td>因工伤原因</td><td>6</td><td>占未就业人数的8.70%</td></tr>
<tr><td>因患病原因</td><td>23</td><td>占未就业人数的33.33%</td></tr>
<tr><td>因家庭原因</td><td>21</td><td>占未就业人数的30.43%</td></tr>
<tr><td>因个人原因</td><td>19</td><td>占未就业人数的27.54%</td></tr>
</table>

（四）认知体系和文化体系的改变

政治体系的改变和经济体系的改变为劳动关系转型带来了突破口，然而成功的转型还需要K集团职工从个人认知乃至群体文化层面接受这种变化，就像著名经济学家诺斯所说："离开了文化价值观念，即使将西方成功的市场经济制度搬到第三世界，也将不再是取得良好经济实绩的充分条件"（陆立旭，2008）。

对此，K集团的做法是以政治体系和经济体系的转变为推手，先改变职工对国营企业和民营企业以及自主就业的认知。

2005年11月K集团的《再就业工作领导小组工作会议情况通报》强调：

公司应进一步加大宣传力度，对再就业政策、创业典型等进行宣传，进一步转变广大下岗人员的就业观念。

集团报社T社长如此描述通讯社当时的宣传工作：

我们做宣传鼓励大家出去，（先了解）出去了以后他们有什么好处，他们在那边是怎样工作的，然后我们在报纸上宣传，让K（集团）工人看到，自愿出去。有些下岗工人本来也要到外面去干活，一看报纸觉得外面比较好，就出去了。

在宣传动员下，K集团员工对国有企业和民营企业的固有认知发生了改变。曾经，“造成国有企业员工留恋本企业的原因，一个重要的原因就是国有企业有比较高的社会声望和比较完善的社会保险制度”（岳颂东，1997），然而在K集团员工的认知层面，这种差异正在减小。一位职工在谈到国营企业和民营企业的对比时说：

现在国有企业和民营企业没什么太大区别。只要工资水平达到我的要求，我付出努力能拿到这个钱就行了。

在改变了职工认知体系的基础上，K集团又与时俱进地开始构建新的企业文化。在《极富时代特征企业特色的K（集团）文化——K集团文化建设巡礼》这篇文章中，可以发现K集团在转型前后企业文化的变化：在转型之前，K集团的企业文化强调“自强不息、艰苦奋斗”，而在资源枯竭之后，面临必须转型的形势，K集团的企业文化开始强调“解放思想、开拓进取”，两相融合才最终形成了今天K集团“开拓进取、坚忍不拔、同心跨越、永不放弃”的最新的企业文化，而K集团将“开拓进取”放在了文化标语的首位，也突显了创新创业思想的举足轻重的地位，这就与当今浙江整体的文化思想相适应了。

四、和谐的劳动关系转型

当固有的政治体系、经济体系、认知体系和文化体系被渐渐改变之后，新的符合时代需要的体系将会开始建立，而劳动关系转型方案也能够顺利地嵌入新的体系之中，从而使劳动关系转型顺利实现。因此，本研究假设一得到支持，即：当转型方案能够嵌入当地的认知体系、文化体系、政治体系和经济体系中时，劳动关系转型能够顺利实现。

同时，当劳动关系转型过程中出现劳资冲突时，省政府注意平衡劳资双方的利益，采取了合作式的冲突管理方式，这对于了解民意、化解冲突以及制定有针对性的转型方案至关重要。对于浙江省政府平衡劳资关系方面的经验，省政府 W 处长将其归纳为“双维护”和“双调节”。其中“‘双维护’是既要维护劳动者的权利、同时也要维护企业的合法权利；‘双调节’则是市场和行政双调节，市场能调节好的交给市场，市场调节不好的行政就要介入”。因此，本研究假设二得到支持，即：当转型过程中的劳资冲突类型为任务冲突，且冲突管理方式为合作型管理方式时，劳资冲突不会对劳动关系转型产生破坏性影响。

工资集体协商：能否走出协调劳动关系的“第三条道路”[①]

谢玉华[*]

劳动关系、收入分配已成为当今热议的话题。建立工资集体协商制度，提高劳动者在国民收入初次分配中的议价能力，合理分配企业利润，是调节收入分配的根本途径，由此也可以促进企业劳动关系的协调。但是，工资集体协商制度在中国有特殊的生长路径，其实施效果如何？工资集体协商能否走出中国特色的协调劳动关系的第三条道路？本文对此作一探讨。

一、集体谈判的产生及国际经验

劳动关系的本质是合作还是冲突？劳动关系理论的不同学派有不同的回答，新古典学派和管理学派认为，雇主与雇员的矛盾是微不足道的，工业争端可以通过劳动力市场机制或企业内的人力资源实践协调。正统多元

---

① 本文是笔者承担的湖南省民盟“湖南企业工资集体协商与初次分配中劳动者收入研究”参政议政课题的部分成果；湖南省社科基金“工资集体协商理论及湖南模式研究”（2010YBB062）阶段成果。

* 谢玉华，博士，湖南大学工商管理学院教授，2006 年 7 月—2007 年 7 月及 2009 年 1—6 月，先后在澳大利亚进行学术访问。累计发表论文 70 余篇，著作及参编著作 10 本，主持国家社科基金、教育部人文社科规划项目、湖南省社科及软科学项目共计 11 项，国际合作项目 2 项。主要研究企业劳动关系、企业人力资源、员工参与和团队建设、企业社会责任、企业文化。

学派和激进派（包括马克思理论）则持相反观点，他们认为，雇员对公平和公正待遇的关心同管理方对经济效率和组织效率的关心是相互冲突的；激进派甚至认为，劳动关系中的冲突决定，“和谐的劳动关系”只是一种假象或奢望。

从西方发达市场经济国家走过的道路看，基本上都经历了劳动关系由冲突到合作的过程，资本主义早期以冲突为主，20 世纪末以来发展到以合作为主。今天的合作是昨天的冲突斗争的结果。

资本主义早期，随着资本的壮大，在劳动关系中，资本处于强势地位，劳动者凭借个体的力量不足以与资本抗衡，只能被动接受苛刻的劳动条件。工人的抗争从原始的破坏机器到联合起来罢工。最初，工人的联合行动被欧美国家的法律认为破坏了契约自由和财产权利。工人联合常以“刑事共谋”遭到起诉，法院经常以“禁令”的方式中止工人罢工。19 世纪中叶后，工人要求改善劳动条件的罢工斗争日益高涨，雇主为避免罢工带来的损失，不得不与工人组织谈判，同意签订集体合同。集体谈判最早是罢工的结果。早期的集体合同只不过是劳资双方的“君子协定”，不具有法律效力。20 世纪初，随着工人运动的发展壮大，集体合同的法律效力才逐渐被确认，一些国家相继颁布了集体合同的法律。也就是说，欧美市场经济国家协调劳动关系的道路是从斗争中摸索出来的，集体谈判是斗争之后妥协的产物；劳动关系长期依靠劳资双方的博弈来解决，政府在很长时间里对劳动市场不干预。集体合同等法律规定的产生，才形成劳动关系的劳资政三方协调机制。

在东方国家，劳动关系相对缓和一些。日本虽然在资本主义早期劳资冲突较明显，20 世纪 20 年代有过大罢工，但其后形成的企业制度中，普遍实行的终身雇佣制、年功序列、企业工会三项制度，使得日本劳动关系相对稳定。日本企业强调人力资源管理的完善及员工参与在企业生产各环节中的运用，努力将工业争端消除在日常的管理中。因此，日本劳动关系体系的运行中，集体劳动关系表现得较为稳定，罢工和集体劳动争议事件逐年下降，尽管个别劳动争议案件较多。亚洲其他国家和地区的劳动关系、工会发展有着很大的相似性。印度尼西亚、马来西亚、菲律宾、新加坡、韩国及台湾地区等，这些国家和地区的工会长时间受到政府以追求政治稳定与经济发展为名的监视与控制，政府控制人工成本增长以保持国家经济发展的竞争优势，使得劳动者收入很低。但自20世纪80年代以来，随着这些国家的民主化改革，工人争取集体权利的斗争此起彼伏；同时这些国家的工会进行改革或改良，自主独立的工会产生。在建立劳资集体谈判的三方协商机制中，新加坡发展了国家社团主义。新加坡在英国统治下就形成了经济自由主义和政治民主思潮及多元文化；以跨国公司投资为主的混合经济带来西方发达国家的企业管理理念；这些使得新加坡的政府强势干预没有抑制国内民主的生长和经济自由。新加坡劳资对话主要在国家层级进行，国家在劳资政三方机制中起决定作用，工会和雇主组织配合政府的调控政策，形成了独特的劳动关系协调机制，其劳动关系也是亚洲最稳定最富有弹性的。韩国则经过激烈的劳资冲突，不但形成了强大的独立工会组织，而且还在此基础上产生了民主劳动党。工人运动、独立工会及民主劳总的产生、政治民主改革，加上“刘易斯拐点”出现（韩国劳动力出现短缺），这些因素综合作用，改变了韩国的劳动关系，由政府强势控制、压低劳工成本的资强劳弱改变成劳资斗争和谈判。韩国似乎补上了市场经济国家早期的劳资冲突的一课。

二、中国“嵌入式”的集体协商：现状及问题

我国的劳动关系发展道路与亚洲新兴国家很相似，究其原因，一是发展优先的战略及出口导向型的经济结构使然，我们选择了长期压低劳动者收入来保证竞争优势的策略；二是为支撑这种策略，政府在劳动关系中有着强大的主导作用。但有几个差异：一是亚洲新兴国家在民主化过程中产生了独立工会；二是工会组织及工人拥有罢工权。而独立工会及罢工权的

存在扭转了亚洲新兴国家强资本弱劳动的格局，使劳资平等对话成为可能。这个差异说明，中国的劳动关系道路选择是独一无二的：西方靠长期的劳资斗争形成劳资力量平衡及平等对话机制；亚洲新兴国家靠民主化改革形成劳资平等对话；我国靠政府来扭转劳资失衡。我们既要跨越西方国家劳资冲突斗争的原始阶段；又要在国家可控的情况下进行劳资对话，用协商而不是冲突的方式来解决工业争端。笔者将这种既不同于西方也不同于亚洲新兴国家的协调劳动关系的方式称为“第三条道路”。“第三条道路”的特征是，我们借鉴了西方用血腥劳资斗争之后创建的文明成果——“集体谈判”，但我们的“集体谈判”不是由市场生成的而是由政府主导推行的；而且我们强调合作性质的“协商”而不是对抗性质的“谈判”。关于概念问题，学术界有很多研究认为，应该还其本来面目，用“集体谈判”而不用“集体协商”，本文对此暂不作讨论，将目前的这种制度称之为“嵌入式”的集体协商。

“嵌入式”的集体协商效果如何呢？是否能够解决中国快速工业化过程中的劳资冲突？

学术界对集体协商的实施现状有批评意见。有的学者认为，我国集体协商有走形式的情况，2007 年从上到下加大了集体协商制度建设，但表现为数字上的成绩，企业集体合同实质内容不多，有的合同与政府提供的范本雷同。国外学者对我国的集体协商制度很关注，如著名管理学者 Malcolm Warner 认为由于政府的大力推进，集体合同在中国被快速引进，政府通过自己的权威为企业提供合同范本并引导企业签订集体合同。他们通过调查 62 个大中型国企与合资企业集体合同签订率和集体合同的内容发现，大部分企业签订的集体合同与政府提供的范本并无二样，只是做了一些小的调整。并认为中国的集体谈判体现了政府在当中的干涉和控制程度。有的企业签订集体合同在很大程度上是为了完成上级分配下来的任务。为了保持这种“和谐的劳动关系”，企业并不愿意做任何细微的让步，有时地方工会也很难表达工人的要求。上级政府和工会机构在签订集体合同过程中扮演了决定性的角色。著名劳动社会学者 Simon Clarke 认为，中国将“集体谈判”改为“集体协商”，反映了中国特色，企业的集体谈判少有工人的参与及实质性的谈判过程。大多数西方学者认为，中国工资集体协商的实施主要基于和谐社会的政治目的。也有学者如 Lee 乐观地分析中国的工资集体协商，认为中国的工会在不断进步，集体协商正逐步完善。Anita Chan 认为，全总在新形势下不断谋求自身的变革，这将给中国劳动关系带来新的希望。

值得注意的是，中国也有集体协商的成功案例，即 2003 年产生的中国工资集体协商样本——浙江温岭羊毛衫、水泵等行业的工资集体协商，参与者新河镇工会主席陈福清认为，工资集体协商完全是市场逼出来的，因为当时不知道工资是否可以集体协商（由此说明中国的一些劳动法律的普及工作还有待加强：1995 年开始实施的《劳动法》就规定了企业职工可以与企业就劳动报酬、工作时间等签订集体合同；2000 年劳动部颁布《工资集体协商试行办法》；2001 年我国《关于修改〈工会法〉的决定》规定工会通过平等协商和集体合同制度，协调劳动关系）。其实，仔细分析新河镇工资集体协商产生的原因，就发现政府的强势推动有很大的作用。浙江温岭有协商民主的传统，工资集体协商是协商民主放到企业实验的结果。所以，这里的集体协商也是“嵌入式”的。

2010 年 5—12 月，笔者就集体协商现状对来自 71 家企业（其中民营企业 44 家、国有及国有控股企业 8 家、外资企业 11 家、其他 8 家）的工会主席、人力资源经理及管理者（其中工会主席 44 人，人力资源经理 12 人，企业高管 3 人、其他管理者 12 人）进行了调查。从收回的 71 份问卷分析，只有 41.4% 的被调查者表示对工资集体协商“非常熟悉”和“比较熟悉”，49.1% 的人表示“一般熟悉”，还有 9.5% 的表示对工资集体协商“不太熟悉”或“不熟悉”。工资集体协商的主要参与人及协商代表都不熟悉，可见，工资集体协商的普法式推广还有很多工作要做。在关于工资集体协商保护职工权益的效果选项判断上，只有 14.1% 的被调查者认为工资集体协商达到了保护职工权益的作用。在企业实施工资集体协商的目的选项（此项为多选题）上，有60.1%的认为是为了完成政府包括上级工会布置的任务，46%认为是为了建立劳资协调机制，避免劳动纠纷，37.5%认为是为了履行企业社会责任。关于企业工资集体协议文本，6%的被调查者认为是照抄政府的范本，没有经过协商和修改；56%的认为，基本遵循范本，但经过协商并根据企业实际稍作了修改；只有29%认为经过的企业劳资双方的充分协商，对本企业具有针对性。关于工资集体协商职工方代表的产生，62%的被调查者认为是职工民主选举产生的，17%认为是企业管理方任命的，还有21%表示不知道是怎么产生的。有78%的被调查者认为，本企业的职工代表是工会主席及其成员。工资集体协商的主体是职工，由职工选举代表与企业方谈判，可见，实际中，大多数企业将工会主席及其成员等同为工资集体协商的职工代表。在关于影响集体协商的因素判断（多项选择）中，被调查者认为依次为工会的代表性和维权作用（51%）、企业管理者对集体协商的认识及开明（50.2%）、工人的维权意识（41%）、法律政策及政府的推动力度（37%）、企业的经济效益（27.6%）等。

调查中还发现，企业职工主动提出要进行工资集体协商的企业案例很少；因集体合同而产生的劳动争议也很少。这从一个侧面反映了集体合同在调节劳动关系中发挥的实质性作用还有待加强。工资集体协商的这种现状说明，这种自上而下的“嵌入式”的工资集体协商推行的难度很大。

三、中国工资集体协商前景

在有的地区，“嵌入式”的集体协商“痴心遇冷风”，轰轰烈烈的集体协商工作表现在政府一头“热”，职工和企业（劳资）两头“冷”。政府投入大量财力物力人力推动企业的集体协商工作。调查中，笔者发现，所有承担这项工作的职能部门如省市工会、人力资源与社会保障部门的工作人员，都表达出提高劳动者收入的共识，甚至连企业家联合会的工作人员都表示出对劳动者弱势状况的同情，提高劳动者收入已成为社会精英的良知并占领社会道德的制高点。但政府费力推行的集体协商工作企业不情愿、职工不领情。与此同时，国内的劳资冲突不断出现，劳动关系警钟频频敲响。这一悖论是否说明，工资集体协商不适合中国？

在种种悲观论调高唱的时候，南海本田事件发生了。2010 年广东佛山南海本田发生停工事件并最终以集体谈判解决，这标志着我国集体劳动关系的生成；而此后南海本田劳资之间就增长工资进行的三次集体谈判则表明，中国真正的集体谈判正在发育之中。实际上，2005 年 7 月在辽宁省大连开发区由 10 余家日资企业 3 万多工人停工启动的谈判、2007 年 4 月在广东深圳盐田国际集装箱码头有限公司由 300 余名吊车司机停工启动的集体谈判、2010 年 5 月，在广东佛山南海本田汽车零组件制造公司由 2000 余名工人启动的谈判，都说明市场化的集体谈判在顽强生长。但这些集体谈判又不同于西方市场形成的集体谈判，西方早期的集体谈判完全由劳资力量博弈形成，政府不干预，集体谈判协议还没有法律效力。上述这些谈判都是在地方政府、工会各方斡旋下才形成的，还包括媒介的力量、学者的呼吁及社会各界的关注，谈判协议的实施也在各方关注和督促下。这是否就是真正中国特色的集体谈判——中国特色的“集体协商”？

当然，南海本田的集体谈判与自上而下推动的企业工资集体协商不同：第一，谈判的发动者是工人，利益诉求也源自工人；第二，谈判针锋相对，劳动者工资得到大幅度提高；第三，谈判过程有各方力量参与协调。

南海本田的集体谈判是否可以复制？工资谈判是否可以在没有停工的情况下实质性地开展？也就是说，在没有停工制约的情况下，什么力量能促使资方坐下来谈并接受劳方的要求？这是我们推动工资集体协商最需要创新的地方。在资方强势而劳方弱势的情况下，劳资天平失衡，需要有其他力量作为砝码加在劳方一端，这些砝码包括工会的压力、政府的推力、社会的助力。

首先，增强工会压力需要工会体制创新。“嵌入式”工资集体协商的症结在于企业的工会是“嵌入式”的，基层工会，特别是企业工会需要进一步充实自身力量，突破“福利型”工会的传统角色定位，加强自身的维护职能，加强基层工会民主化建设，培植企业工会独立于企业行政的力量，使其摆脱企业行政体制的束缚。同时，要加强行业性、区域性工会组织的建议，充分发挥其在工资集体协商等工作中的作用，形成多层级的工资集体协商模式。

其次，政府的推力包括完善劳动立法并严格执法，主要用法制而非行政手段来推动工资集体协商。在企业集体协商制度规范初期，政府及地方工会的协调和引导是主要的。南海本田的第一次谈判是在各方扶助和协调下进行的，但第三次谈判基本上是劳方独立发起、资方积极配合，即基本上实现了劳资协商自治。至 2011 年 2 月，浙江温岭市已在羊毛衫、水泵、工量刃具等 15 个行业开展工资集体协商，覆盖企业 6100 多家；企业单独开展工资协商的就有 1060 家。这说明，自治型的劳资对话是可以培育的。

再次，社会的助力包括媒介、学术和社会组织等力量的探索、引导、宣传和辅助。由于浙江温岭新河镇的工资集体协商成了全国的样本，政府、媒体、学者、国际组织都在关注它，这些力量促使它越做越规范。南海本田的集体谈判也受到国内外广泛关注，这些关注及研究正在引导中国企业集体协商的生长。

政府的推力、社会的助力都是外在的，它们可以促进工资集体协商生长。但仅仅依赖外力生长起来的工资集体协商是不可持续的。只有职工的参与，才能真正推动工资集体协商健康发展；职工的参与也是发挥工会作用的重要力量。

四、简单结论

用集体协商来协调劳动关系，避免争端与冲突，这是中国劳动关系制度的创新。选择用协商方式来协调劳动关系，实际上是选择了一条渐进式的工业民主改革道路。这条道路行走缓慢且艰难，大多数集体协商仍在逐步推进，但少数的成功案例给人鼓舞：这条道路是走得通的。工业民主改革将是一个漫长的过程，即要通过集体协商，走出中国特色的协调劳动关系的第三条道路，这条道路有希望，但任重道远，既需要政府和社会在协调劳动关系中的推动作用，也要注重职工在劳资协商中的参与性，推进工资集体协商的持续发展。

（本文曾发表于《社会主义研究》2011 年 03 期）

2014年国内学术界关于工人阶级和劳动关系问题的研究综述

闫永飞*

如何认识新形势下工人阶级状况、研判劳动关系和工会现状与发展趋势，是国内学术界比较关注的热点问题之一。本文对2014年学术界关于工人阶级和劳动关系问题的研究进行了采撷与整理，形成了以下综述。

一、关于工人阶级问题的研究

我国基本经济制度的变迁影响工人阶级内部结构。中国人民大学的孙宗伟认为，在非公有制经济中就业的职工人数远远超过公有制经济，在股份制企业中的就业人数也占到了整个就业队伍的绝大多数。股份制企业的制度特征对于我国工人阶级产生重要影响有：在收入分配上，普通国企职工的股票期权收入所占份额几乎没有或者极少；从收入构成看，当前绝大多数职工的工资收入是主体，财产性收入很少；从收入增长幅度看，职工工资收入水平增长幅度远远低于资本积累的速度和规模；从企业内部看，广大普通职工的收入水平与私营企业主、高级管理阶层之间收入差距继续拉大。在股份制私营和内外资经济中，由于种种复杂的原因，资本处于“强势”地位，因而造成了大量资本侵犯劳动者权益的现象，资本雇佣劳

* 闫永飞，中国工运研究所基础理论与工运史研究室助理研究员。

动的逻辑对工人与生产资料的关系、收入分配方式以及在企业中的地位都发生了显著影响，从而使得工人的思想观念也发生了重大变化：职工个人的价值取向更加趋于理性和现实，从注重实现理想转向追求现实利益和物质利益，主人翁意识淡化，集体意识弱化。

工人的阶级意识对公民社会的生成产生很大影响。清华大学社会学系的郭于华和黄斌欢从社会结构视角探讨了权力、资本和劳工的关系与互动，认为对工人而言，公民的基本权利体现为各项劳动权利的实现和保障、劳工的组织化权利的落实；公民权利是工人阶级形成的前提条件，劳工阶级的出路在于形成自主的社会力量。中国新工人阶级的形成与中国公民社会的发育当是同步进行的过程，或者说，劳工运动本身就是公民社会建设的重要构成部分。工人的公民化过程，劳工权利亦即公民权利的获得与保护是解决劳资矛盾和转型正义的根本问题，而这一转型的进程将表明：中国工人阶级不再只是一个受苦受难的阶级，它将成为一个有能力自觉地干预历史进程的社会主体力量，劳工阶级的出路也是整个中国的出路。

工人议价能力对生产方式和经济发展方式变化的影响。西南财经大学李怡乐和罗远航从工人议价力的角度对2008年以来中国工人阶级进行了考察。有关工人议价能力的研究，长期以来是经济学、社会学和政治学三大学科共同关注的重要领域，其中，经济学研究主要集中于考察直接衡量工人议价力变化的部分指标（如工会参与率、集体劳动合同覆盖率等）作用于工资形成、工资份额和劳动力市场供需的机制与表现；社会学研究多以阶级形成作为切入点，讨论影响工人阶级结构、意识和行动的各类社会制度因素如何塑造出特定的劳工的力量；政治学研究则重在考察特定国家立法、政治制度为工人力量的形成和调用预留的空间。但社会学和政治学研究缺少从工人力量到资本积累历史与逻辑的直接阐发。为此，以马克思主义经济学的视角为基础，将工人议价力分为市场议价力、车间议价力和集体议价力三种类型进行考察：市场议价力直接挑战了生产关系中工人的劳动力商品化这一“前提”，反映了工人对抗市场力量控制、抵御市场风险的能力；车间议价力挑战了完全由资本掌控的剩余价值生产，反映的是工人的反抗和资本代理人的管理策略间的动态关系，与生产组织方式密切相关；集体议价力反映工人行动对自身利益的争取，对上述两种力量的凝聚和作用发挥保证。2008 年前后“劳动三法”的出台和劳动力市场上用工缺口的相对突显，引起了学界新一轮对于普通工人议价能力变化的讨论。通过研究得出如下结论：去商品化的制度改革是增强工人市场议价力的重要方面；伴随劳动力数量优势和成本优势的弱化，工人议价力的提升并不单纯预示着资本收益的绝对下降，而是可能引向中国企业生产方式的根本性变革和经济增长方式的转变。

新生代农民工的特点及对策。北京市社工委所属的北京社会心理研究所发布《北京社会心态分析报告》，对新生代农民工的特点及融入城市情况进行分析后认为：平均 25 岁的新生代农民工约有一半时间是在京度过的，与第一代农民工相比，他们脱离土地、疏远乡村的程度更深，“城市化”特征明显。虽然在劳动收入、就业保障、工作时间、住房情况和休闲方式上都有所改善，但还有一半以上认为自己经济状况只是勉强糊口，八成以上认为自己处于社会的中下层或底层，存在诸多“留不下”的障碍。与第一代农民工单纯追求收入增加不同，他们的受教育程度更高，有着更强的融入城市意愿，不再仅仅把城市看作短期栖息地，而开始萌生出市民权利意识。在人际交往方面，同学、同事的业缘关系已超越了地缘和亲缘关系成为最重要的社会关系类型，但是对包括工会在内的社会组织和活动参与度较低，并且由于缺少北京户口和自有住房等因素，绝大多数不认为自己是北京人，与本地市民存在着思想观念和文化心理上的隔阂。针对以上情况，政府应加快户籍改革，从规划上整体考虑他们的住房问题，同时搭建网络平台，加强政府与新生代农民工的信息沟通，还要加强工青妇等各类群众组织对他们的关注和吸纳。

新生代工人抗争的组织化趋向。北京大学的刘爱玉等人对结社力量、结构力量与新生代工人的行动表达之间的关系进行了研究，认为工人的行动受到结社力量和结构力量的制约。结社力量是指来自工人形成集体组织的各种权力形式，即工人阶级形成自己的组织、通过各种集体行动表达自己诉求的能力。考虑到中国的国情，结社力量可视作为工人通过酝酿计划、联络人员、筹备资金、寻找活动场所、起草章程等组建社团或者自主加入已经成立的社团而具有的集体性力量。工人组建或者加入的社团最为重要的有两类：一类是工会组织；另一类是社会上其他各类组织，如非政府组织或社会社团等。结构力量即工人简单地由其在经济系统中的位置而形成的力量，由“市场讨价还价能力”和“工作现场的讨价还价能力”组成，反映的是工人在经济系统中的位置和议价能力。研究发现，利益受损的新生代工人不是被动的忍受者，而是能动的行动者。34.3%的人曾经以个体行动或集体行动的方式进行过利益抗争。新生代工人的行动在当下以个体性行动为主，但组织化行动的趋势明显，即越是年轻一代的工人，越是表现出更多诉诸集体性行动以消解不满与怨愤的特征。但是，新生代工人行动的组织化趋向，却不是由结社力量推动，而是由结构力量（如文化资本、工人在劳动过程中的结构性位置、居住状况）推动的。结构力量对于工人集体行动的影响，以及这种结构力量促动的集体行动对于结社力量的倒逼，对于中国劳动关系的有序发展，终将产生积极影响，工人自发性的集体行动、利益诉求和劳动争议，在某种程度上推动了制度建设、劳动立法和行业自治，推进了各地集体劳动合同和集体协商机制的制度建设和实践。新生代工人的结构力量在进一步增强，未来劳动关系秩序的建构，有赖于对推动行动组织化趋向的结构力量的正确认识，以及在政策层面上应采取的积极行动。

提高农民工对主流意识形态认同的路径。华中农业大学的吴春梅、郝苏君等人对政治社会化路径下农民工的主流意识形态认同进行了实证分析。主流意识形态认同是人们对反映统治阶级或阶层政治经济利益的价值观念与规范体系的理解、认可和内化，是政治凝聚力的集中体现。政治社会化是指社会成员通过一定途径逐步获取政治知识、能力和素质形成政治意识和立场的过程。政治社会化路径的优化往往伴随主流意识形态认同度的提升。虽然农民工群体一定程度上面临政治社会化路径不畅问题，引致主流意识形态认同弱化、淡化。但经过实证分析后研究发现，社会传播、政治学习与内化、文化传承与整合、社会环境这四条政治社会化路径，对农民工的主流意识形态认同有显著的促进作用。政治学习与内化、文化传承与整合对主流意识形态认同有直接促进作用，社会传播经由政治学习与内化以及文化传承与整合、社会环境经由文化传承与整合对主流意识形态认同有间接促进作用。政治社会化路径的整体优化能够显著提升农民工主流意识形态的认同度。

二、关于现阶段劳动关系的研究

后金融危机时期中国劳动关系的特点。中国劳动关系学院的乔健研究了后金融危机时期的中国劳动关系的指标，这些指标显示出：中国工会组织率持续提升，集体协商趋向集中化，劳务派遣的激增与规制，收入差距继续扩大但势头减缓，劳动争议和停工事件大幅攀升但近期已回落，劳动关系矛盾的源头治理大大加强。与工业化市场经济国家相比，后金融危机时期中国的劳动关系呈现出下列特点：一是劳动关系的市场化程度加深，不同的是，金融危机对中国劳动关系的冲击远不像对发达国家那么大。二是劳动关系形态和规制从个别劳动关系走向集体劳动关系，这一点与工业化国家的走向完全相反。其中，集体劳动关系的形态和规制既包括由企业工会、产业和区域工会代表劳动者与雇主或雇主组织进行的集体协商，也包括劳动者群体通过自发性的集体行动与企业雇主进行的博弈。三是迥异于市场经济国家，中国形成了国家主导与劳资自主协调相结合的劳动关系调整模式。市场经济国家劳动关系的调整模式分为劳资自治和国家统合两种，与之相比，中国模式的国家集权程度更高，国家主义色彩更浓厚，且劳资代表组织也具有国家统合主义的特征，其目标是要通过维护各自代表群体的利益，以实现国家的治理目标。

中国劳动关系转型中党政调控举措的影响。中国政法大学的游正林教授认为，我国私营企业劳动关系的转型主要是在党和政府的软性调控之下进行的。其举措主要有以下几项：一是将党组织融入私营企业。二是将社会治安综合治理网络延伸到私营企业。三是对非公有制经济代表人士进行政治安排与综合评价。四是开展创建劳动关系和谐企业活动，评选、表彰劳动关系和谐企业。五是通过组织开展有关的评比活动，引导、激励资方改善职工的就餐、住宿、卫生和文化娱乐等方面条件。以上调控措施的影响可概括为四个方面：一是引导、激励、督促资方及其代理者遵守有关的法律、法规并落实相关政策，善待处于弱势地位的劳工。二是在企业里建立由党领导的工会，其基本任务是共谋企业发展，而不像某些西方国家的工会那样承担着牵制甚至对抗资方（管理方）权威的功能。三是努力在企业内部创建一种和谐的劳资关系，强调劳资合作，而非劳资对立。四是尽力预防劳动纠纷，一旦出现劳动纠纷，则及时、就地化解之。这些影响的累积作用已使私营企业劳动关系的处理方式发生了根本性变化（或曰转型）。

转型期私营企业与农民工的劳动关系状况。华中农业大学的梁伟军基于对585位农民工的调查资料，研究了转型期农民工与受雇私营企业的劳动关系，分别从六个方面进行了具体分析。在劳动就业方面，多数上岗农民工未接受过正式技能培训，技能等级偏低；农民工主要流入东部地区，就业区域集中；农民工就业后较少变更企业，求稳趋向明显；农民工主要从事服务业和制造业，就业结构改善；农民工以中小企业就业为主，从业岗位层级低；夫妻共同外出打工普遍，子女留守比例高；劳动合同订立很不规范，短期化、格式化突出；倾向劳动关系管制，人本化管理缺乏。在工资收入方面，总体水平较高，基本工资为主；总体上及时足额发放，据经济绩效变动；几乎全年在外务工，工资收入成为家庭主要收入。在劳动条件方面，工作时间长，劳动强度大；有文化生活时间，缺文化服务平台；生产安全设施有限，劳动保护不足；企业提供食宿服务，农民工总体满意。在社会保障方面，企业加入社保比例低，险种有限；社保个人缴费额及就业流动性，制约农民工参保。在权益维护方面，工会组织组建率低，维权职能虚化；劳动纠纷不多，倾向依法维权；劳动纠纷解决不力，仍需要加大力度；农民工有明确的劳动关系改善诉求；所想所盼的主要是劳动关系整体和谐稳定；期待政府加强劳动关系管理。调查研究表明，当前农民工与受雇私营企业劳动关系总体上是和谐稳定的，劳资纠纷和冲突处在可控范围之内。

研究劳动关系存在的主要问题和修复路径。华中师范大学的张克锋认为，我国当前劳动关系存在诸多问题：一是雇佣制度本身存在天然的缺陷。二是政府的角色混乱。三是工会的角色缺失。四是劳动者民主表达权利分享的失衡。要解决存在的问题，应当建立和完善劳动关系各个主体间相互制约平衡的权力结构；完善劳动力市场建设、建立相对稳定的劳动就业保障制度；建立和完善公正合理的收入分配机制，包括公正合理的收入初次分配和再次分配机制；建立和完善以人为本的生产组织和管理机制，尤其是职工民主参与制度；逐步完善有效保障职工合法权益的机制，主要包括工会维权机制；逐步完善多层次和公正高效的争议处理机制。其中，建立和完善劳动关系各个主体间相互制约平衡的权力结构是核心问题，而政府的职能定位和工会的角色定位又是核心中的关键。总之，应当厘清政府的职能，调整工会的角色定位，建立和完善多层次的劳动关系法律调节机制，使市场化的劳动关系在民主法治的条件下健康运行。

政府在构建和谐劳动关系中的路径选择。吉林大学的艾琳探讨了实现和谐集体劳动关系的政府路径选择问题。认为我国正处于劳动关系矛盾的凸显期和由个别劳动关系向集体劳动关系的转型期，以及实现和谐集体劳动关系的关键期，这意味着政府的工作方式、管理模式也需要做出相应的改变，立足于从根源上消解劳动矛盾，以法治规范劳动关系，完善一体多元的劳动关系调整系统：一要维护与保障社会的公平、正义。构建体现公平、正义取向的政治形态、社会生态，促进社会平等，减少贫富差距，解决民生问题，是从源头上化解劳资矛盾、构建和谐集体劳动关系的关键。二要调整与完善政府的劳工政策。中国劳工政策的转型是政府主导的劳动关系政策的调整，其调整需要以集体劳动关系的法律为基础的。三要转变与构建集体劳动关系的管理模式。将集体谈判作为政府实现有效治理的工具，使劳资矛盾在企业层面得到及时化解。与此同时，在保持工会独立性的前提下加强基层政府与行政工会的联动机制，开展社会化的维权活动；逐渐开放劳工组织、劳务工自助组织的设立管制，增强劳动者在集体谈判中的议价能力、行动能力。

建立和谐劳动关系的主要路径。山西大学的张利萍副教授提出我国建立和谐劳动关系应当从以下四个方面着手：一是站在劳动者的立场上是建立和谐劳动关系的根本。这个问题的解决有赖于准确把握两个关键点：明确劳动者的内涵和外延，明确如何站在劳动者的立场上。二是政府主导劳动关系是建立和谐劳动关系的关键。三是事先调整劳动关系是建立和谐劳动关系的原则。事先调整劳动关系原则要求在劳动关系双方的矛盾、纠纷和冲突发生之前或者处于萌芽状态时，就能够得到劳动关系政策和法律的自觉调整。四是维护劳动者的基本经济利益是建立和谐劳动关系的前提。

三、关于转型期中国工会的研究

以法治思维方式强化工会维权能力。中国社科院的谢增毅提出必须加强工会法治建设，提高工会工作法治化水平，以法治思维方式强化工会维权能力：一是要提高维权意识、加强组织建设。在建会上要重视数量更要重视质量，提高工会相对于企业的独立性，树立工会的主体地位。二是要强化维权手段，做实集体协商。完善集体协商法律制度，规范集体协商程序，进一步发挥产业行业工会和区域性工会在集体协商中的作用。三是要改进维权方式，完善调处机制。规范工会参与案件调处的形式，落实三方机制，预防和减少群体性事件，通过法治方式解决群体性事件。四是要扩大维权对象，规范劳务派遣。既要进一步关注劳务派遣工，积极吸纳派遣工入会，也要推动有关部门和企业从体制机制上解决劳务派遣问题产生的根源。五是要夯实维权机制，健全法律体系。健全有关工资、工时、劳动安全卫生、职业培训等劳动标准的法律法规，以及制定集体协商和集体合同、企业民主管理特别是职工代表大会的法律、法规，还要制定反就业歧视法、养老保险法等方面的法律、法规。六要提升维权理念，协调各方利益。树立工会和企业合作共赢的理念，完善三方协调机制，引导职工依法维权、理性维权、科学维权。

转型期中国工会传承发展的逻辑思考和路径选择。山东省委党校的谭泓认为：一是重视工会发展的历史回顾，强化工会与职工群众的密切联系。把工会密切联系群众列入加强党的群众工作整体范畴，克服工会结构性限制所造成的脱离群众的弊端。这种结构性限制在于，由于建立工会的权力属于用人单位一方，造成工会组织不太容易感受到来自职工群众的压力；由于职位委派而非群众选举，即使选举也仅为形式，造成工会干部缺乏密切联系群众的现实要求；由于工会主席在实际上都是所在单位主要领导干部之一，所以其工作立场很难站在职工群众一边；由于工会经费主体来源于企业拨缴，造成工会联系职工群众内在动力的削弱。二是重视对西方市场经济国家工会理论的借鉴，强化工会主体代表性。西方市场经济国家将集体谈判视为“民主社会的必要组成部分”和“处理公共部门中劳资关系的正常手段”。我国在集体（协商）谈判的推行过程中，工会主体代表性较弱成为突出问题，尤其是工会在政治上过分依赖政府，在经济上过分依赖资方，难以真正代表职工发挥其应有作用。三是重视对中国特色社会主义工会理论的探讨，强化对中国特色工会实践探索的推动。加强党对工会的领导，赋予工会组织更多的资源与手段；强化“中国特色社会主义工会维权观”；警惕西方“独立自由工会”错误思潮的影响。

工会应进行去行政化改革。华东师范大学的许文超从国家与社会关系的再塑造方面研究了工会的行政化问题，认为作为枢纽型社会组织的典型代表，工会应当成为联结国家与社会的桥梁与纽带。然而在实际运作过程中，工会的联结重心发生偏移，行政化趋向愈发突出，集中表现为组织设置科层化、组织功能行政化、运行方式机关化、经费收支行政化、人事决定及考核机制行政化等五个方面。这就引发了工会自身的角色冲突，影响了工会作用的充分发挥：影响维权职能，劳资矛盾增多；出现官僚作风，群众基础削弱；导致机构臃肿，工作效率降低。为此，必须以重塑国家与社会关系为着眼点，以去行政化为思路，积极发挥政府、企事业单位、职工以及工会的共同作用，切实有效推进工会改革：一是要减少政府行政干预，进一步加强立法保障；二是企事业单位要加强重视，提供充分的支持与配合服务；三是要建立职工参与机制，推动自下而上的工会改革；四是要完善工会自身建设，重新确立维权职能的基础地位。

劳动法律体系和工会是保护劳动者利益和调整劳动关系最重要的制度。华东师范大学的卿石松等人通过对中国综合社会调查数据进行分析后认为，劳动法律是以公共规制的方式，即以政府强制性法规来保护劳动者的基本权益，调整个别劳动关系的运行；而工会是用劳工团结的力量和资方谈判，达成双方认可的“民间规则”，并以此来调整集体劳动关系的运行和保护劳动者的法外权益。我国劳动关系正处于由个别劳动关系向集体劳动关系转型的关键时期，工会作为保护劳动者集体权益的制度还存在较大的不足和缺陷。研究结果表明：一是劳动合同签订和工会参与的影响因素。工会的会员身份对个体劳动合同的签订具有显著的正作用，即工会会员签订劳动合同的概率显著高于非工会会员，表明工会可能对劳动法律的执行有促进作用。二是劳动制度的工资效应。工会的会员身份对工资没有显著影响。这可能是因为中国工会具有不同于西方工会的特征，并不是通过工人团结的力量来维护职工权益，所以缺少劳动力市场垄断的一面。三是劳动制度的社会保险福利效应。劳动合同对法定的社会保险（福利）享有率有显著作用，而工会对这些权益则没有显著的影响。四是劳动制度对法定工作时间的影响。劳动合同在保护员工合法权益和促进劳动标准的实施方面发挥了重要作用，但劳动合同并不能改善劳动者的法外权益。工会不仅无法增加职工的工资和其他法外权益，而且对很多法定权益如法定加班时间和社会保险的保护也力不从心。

民主政治建设中工会组织职能作用的发挥。太原理工大学的梁丽萍、王彦平认为，一是工会维权职能落实的实然状态与应然状态存在差距，工会的维权工作体制机制存在瓶颈。二是以职工代表大会为基本形式的企事业单位基层民主建设存在形式主义流弊，工会在推进基层民主政治建设中还面临瓶颈。因此，首先必须尽快完善职工代表大会制度的立法，以基本法的形式对职工代表大会制度作出统一的、系统的、具体的规范，把职工代表大会制度纳入法治轨道，提升职工民主管理的法治化水平。其次必须规范和完善职工代表大会的运行模式，建立与之相配套的制度及机制。

经济结构调整与劳动市场

经济新常态下的人力资源新常态

——2014年人力资源领域大事回顾与展望

曾湘泉　张成刚*

经济进入新常态是2014年政府、学界对中国经济增长态势基本的共识。经济增长态势的转变所带来的不仅是对经济领域的影响。在逐步结束改革开放30年的狂飙猛进式的增长模式后，中国经济的要素结构、要素质量，市场主体的行为目标、行为特征以及政府的政策文化都发生了改变。这些方面的新常态影响和改变着经济发展的最终目标——人力资源。由此，我们可以判断，中国的人力资源也在发生着不同于以往的变化。

在梳理2014年人力资源领域的重大事件时，我们可以明显地感受到这种变化，我们将之总结概括为人力资源新常态。2014年人力资源领域的大事件是中国人力资源新常态的具体展现。结合这些重大事件，本文总结和概括了中国人力资源新常态的驱动因素和发展特点，并对未来人力资源的发展态势进行了简要展望。

一、推动中国人力资源领域进入新常态三大驱动因素

2014年人力资源领域错综复杂的事件并非简单孤立，其背后蕴藏的深

---

* 曾湘泉，中国人民大学二级岗位教授，教育部“长江学者”特聘教授，享受国务院政府特殊津贴。兼任中国劳动学会副会长、中国人力资源开发研究会副会长、中国劳动学会劳动科学教育分会会长、中国就业研究所所长、德国劳动研究所研究员等职。张成刚，中国人民大学劳动人事学院博士生。

意是，在制度环境、经济基础、技术变革三个驱动因素的推动下，中国人力资源进入“新常态”。构成中国人力资源进入新常态的三个驱动因素来自国家治理体系与治理能力现代化的推进、经济增长模式进入“新常态”以及以互联网技术为标志的新技术革命，在这三个驱动因素的推动下，中国人力资源的基本和特点发生了变化。如果我们把之前称为人力资源 1.0 时代，那么我们现在要面对的就是向人力资源 2.0 时代转变的态势。而 2014 年人力资源领域的重大事件为这个新的态势提供了注解。

国家治理体系和治理能力现代化大幕开启，尊重法治精神，依靠法治力量，理顺政府与市场的关系是推动中国人力资源进入新常态的第一个驱动因素。推进国家治理体系和治理能力现代化，就是以依法治国为抓手，深入推进依法行政，加快建设法治政府，更好地处理政府与市场的关系。只有让政府的行为归位，充分发挥市场在资源配置中的主要作用，加强和完善制度保障，中国全面深化改革的进程才能得以继续推进，市场经济才能规范有序发展。在这样的条件下，无论是作为推动因素还是作为派生需求的人力资源才能够得到更好的配置与改善——人力资本不断提高、就业结构继续改善、收入分配持续完善。

制度环境的转变是由更深层次经济基础的变化决定的。走过 30 年高速发展的历程，中国经济进入减速转型的“新常态”。习近平总书记将经济新常态阐释为经济增长速度从高速增长转为中高速增长，经济结构不断优化升级，增长动力从要素驱动、投资驱动转向创新驱动。中国经济摆脱旧常态，迈向新常态的过程，既是宏观经济层面潜在增速回落的过程，也是微观层面结构调整的过程。在这个过程中，人口结构因素的变化、人力资本结构的变化、产业结构带来的就业结构与就业模式的变化、人力资源管理的变化等使人力资源领域产生了大量前所未有的新特点。经济进入新常态构成了中国人力资源进入新常态的第二条主线。

如果说制度环境的改变是由经济基础的变革决定的，那么更深层次的技术变革不仅推动着商业与消费环境的变动，同时也重塑着组织与个体的行为模式。一些学者将大数据、智能生产、移动互联并列为我们正在经历的三大技术变革，并惊呼由此为主要内容的第三次工业革命已经到来。互联网颠覆着传统商业模式的同时，也在改变着个体的工作、生活、交往甚至思维方式。新技术不仅应用于社会生活的方方面面，也开始助力于人力资源管理，并在思想层面冲击着传统人力资源管理的模式。

三个驱动因素并不是独立发挥作用，而是相互关联，相互影响，共同作用，推动了中国人力资源从低成本、供给足、管理粗放、激励制度单一的旧常态，逐步过渡到更有流动性、更虚拟、更多样化、更稀缺、更有价值、管理更加精细、激励更加多元的新常态。

二、中国人力资源新常态的特点

（一）人力资源数量与质量的结构性矛盾是人力资源新常态的基本矛盾

人力资源数量矛盾主要体现在劳动力供给，尤其是青年劳动力供给开始下降，而对其需求依然处于高位。从 2004 年开始，劳动力供给减缓的趋势已现端倪（曾湘泉、刘彩凤，2006）。在此之后，用工荒现象从东南部沿海逐步向内地扩散。2009 年之后企业用工成本大幅提高，但开工不足、离职率高现象依然严重。

中国劳动力结构变化的进程要快于人们的认识。一方面，劳动年龄人口绝对数量开始下降。“六普”数据显示，从 2011 年开始，16～59 岁的中国劳动年龄人口绝对数量就开始逐年递减，同年扶养比开始上升（孙杰，2014）。2013 年中国 16～59 岁的劳动年龄人口 9.2 亿人，比 2012 年年末减少 244 万人，占总人口的比重为 67.6%，较 2012 年下降 1.2 个百分点。另一方面，农村剩余劳动力大幅下降，导致农民工总量增速持续回落态势；本地农民工增长数量和速度都快于外出农民工，就地就近转移成为新特点。这意味着依靠劳动力要素投入来支撑经济增长的模式难以为继。要维持合意的经济增长速度，转换经济增长方式已经成为刻不容缓压力和挑战。

劳动年龄人口的下降是中国人口结构老龄化的体现。为了应对过快来临的人口结构老龄化，2014 年出台的两项政策改革主张吸引了很多人的关注——生育政策改革和退休政策改革。2014 年我国生育政策调整，放开单独二孩，意在提高生育率。但“单独二孩”政策实行近一年，申请生二胎的人数却远远低于官方预期。根据国家卫生和计划生育委员会的数据，截至 2014 年 8 月，符合条件的 1100 万对夫妇当中，只有 70 万对提出申请，而目前获批的仅 62 万对，远远低于官方预期。该项政策对于缓解人口老龄化的作用受到很大质疑，同时放开二胎的政策呼声渐涨。另一方面，延迟退休年龄政策也在加紧制定中，2014 年 3 月，中国人力资源和社会保障部部长尹蔚民在全国人大会议上表示，中国延迟退休方案将在 2020 年前推出，并将分阶段、渐进式的推进。数量矛盾的一个后果是劳动力成本上涨迅速。来自中国就业研究所 2014 年工资价位研讨会的信息显示，2013 年比 2012 年全行业工资上涨了 11.3%，尽管 2014 年工资增速减缓，但全行业工资仍然上涨了 9.7%。有经济学家认为，劳动力成本的迅速上升，可能使中国失去“世界工厂”的地位。另一个突出的后果是人力资源流动频率与规模增大。以苏州为例，“近三年来劳动密集型企业年度离职率一直居高不下：2011 年为 35.5%，2012 年为 37.2%，2013 年累计离职人数为 32.3 万人，离职率达 36.2%，其中本地员工年度离职率仅为 16%，外地员工年度离职率高达 40.5%，使企业不断陷于缺员与招工的循环之中”（黄红芳，2014）。劳动力成本上升与流动率不断加快，增加了劳方在劳资矛盾中的话语权。加之劳动者维权行动集体化，争议内容从权利之争转变为利益之争，劳资集体争议事件频发。根据媒体报道，2014 年中国集体争议事件总数增多了近 1/3，创下自全球金融危机以来的最大增幅。未来企业在劳资关系管理方面的压力将不断加大。

质量的结构性矛盾体现在劳动力供给与需求在产业结构、地区结构、企业结构等方面都存在难以匹配的矛盾，集中表现在就业的结构性矛盾上。

无论是经济转型还是技术革新，首要的要素就是具备适应复杂工作的技能人才。但是，由于职业教育体系与企业培训不足，我国的技能人才一直处于供不应求的状态（刘丽彬等，2013）。产业升级的过程就是从劳动密集型向技术密集型转变的过程，因而在实质上是劳动力结构高级化的过程，尤其是一线劳动力对先进技术的适应能力日益成为产业和企业升级的人力资源瓶颈。据人社部统计，2014 年上半年全国城镇新增就业中技能劳动者数量只占全国就业人员总量的 19% 左右，高技能人才的数量更是只占 5%，技能劳动者总量严重不足。另一方面，占新生劳动力近一半的大学生依然面对极大的就业困难。深圳市发布的 2014 年度《深圳劳动关系发展报告》显示深圳约有 3000 家汽车维修企业，随着汽车保有量的持续增长，汽车维修行业技能人才将达 18% ~25% 的缺口，约 1.5 万 ~2 万人。另一方面，全国高校毕业生再创新高达到 727 万人，2014 年被称为“更难就业年”。

城乡二元分割是造成质量结构矛盾的主要原因之一。二元分割禁锢了劳动力市场的应有活力，削弱了劳动力要素的配置效率，扭曲了对农村地区人力资本的投资水平。农村地区的劳动者在教育、养老、医疗等方面的人力资本投资先天不足，与城市劳动者相比在未进入劳动力市场之前就形成前市场差异。导致农村劳动者与城市劳动者在教育水平、技能水平、健康状况、收入水平、劳动关系稳定程度等方面与城市劳动者差距非常大。

劳动关系短期化也是造成人力资源质量偏低的原因。企业担心低端劳动者稳定程度不够而不愿意提供技能培训；劳动者由于技能低而无法获得满意的就业质量，也无心与企业建立长期的劳动关系。员工技能低，从而就业质量低，由此无法建立稳定的劳动关系，导致离职率高，这就使企业不愿意提供培训，导致员工始终无法获得技能的恶性循环。最终，企业转型所需要的技能基础无法实现。2014 年《劳务派遣暂行规定》正式开始实施，意在规范和缓解劳务派遣用工领域的矛盾。但根据北京大学等高校师生组成的新生代课题组发布针对广州市电子行业、汽车制造行业劳务派遣用工调查结果，指出劳务派遣工权益困境未能完全破解，派遣用工超过10% 的工厂仍在继续招聘派遣工，而不是缩小劳务派遣的用工比例。

职业教育体系发展缓慢是造成质量结构矛盾的另一个原因。2014 年，中国政府公布了《国务院关于加快发展现代职业教育的决定》《技能人才发展国家标准》等旨在促进职业教育与技能人才发展的政策与标准，目的在于改变由于职业教育缺失导致的技能人才长期短缺的局面。《决定》对职业教育的培养层次进行了进一步界定。今后的职业教育将包括高中、专科、本科和研究生几个阶段，还要有与职业教育特点相符合的学位制度。

人力资源是最具有适应能力的资源，表现在相对于设备厂房等固定资产，人力资源的调整更为便捷。但同时人力资源也是最不具有适应能力的资源，因为人力资本，无论是教育、技术还是经验、思维，一旦形成就存在惯性，很难调整。无论是经济转型驱动还是技术升级驱动，外部环境的变动，越来越要求企业对人力资源队伍的技能结构进行快速地调整以适应市场需求的变化，但是现在企业调整的需求面对的是长期存在的人力资源技能单一、人力资本投资不足、难以调整的局面。2014 年《Kelly Services 全球雇员指数报告》显示目前 92% 的中国企业核心竞争力受到劳动力队伍数量和质量（能力）短缺的影响，而其中质量问题尤为突出。

上述两大矛盾将会长期主导中国人力资源重大问题的走向。充分认识这两大矛盾将对我们认识解决中国人力资源新常态的各种重大问题提供更好的政策启示。

（二）制度环境改革全面深化，激发市场活力

党的十八届三中全会的一大亮点是提出将“完善和发展中国特色社会

主义制度，推进国家治理体系和治理能力现代化”作为全面深化改革的总目标，这是我国对改革认识的深化和系统化。十八届四中全会《决定》提出全面推进依法治国，从根本上厘清了政府和市场的边界，有助于最大限度地释放和激发市场活力，为全面深化改革提供强有力的制度保障。2014年制度环境和公共领域的改革都是围绕着推动市场化进一步发展展开的。

国有企业改革对人力资源领域的冲击一直是我们关注的话题。十八届三中全会提出将国有企业混合所有制改革最终目标落脚到“相互融合”，并提出允许更多国有经济和其他所有制经济发展成为混合所有制经济。国有资本投资项目允许非国有资本参股。允许混合所有制经济实行企业员工持股，形成资本所有者和劳动者利益共同体，为现阶段国有企业改革注入新内涵。2014 年，围绕国有企业混合所有制改革的话题层出不穷。央企层面，中国医药、中建材开展发展混合所有制经济试点。中石化销售公司向全球 25 家投资者出售 29.99% 的股权；地方政府层面，上海市等 19 个省市出台了发展混合所有制经济的具体方案。可以预期，混合所有制改革所带来的国有企业兼并、重组会造成对国有企业人力资源的冲击，而允许企业员工持股将为国有企业带来更多样化的激励手段，帮助国有企业留住优秀人才、调动员工积极性。

事业单位的改革事关中国 3000 多万事业编制职工的利益。2014 年国务院颁布了《事业单位人事管理条例》，这是我国公共管理领域的一件大事，对于完善事业单位人事管理制度，提高公共管理水平，提升公共服务品质都极为重要。其中，《条例》在公开招聘、竞聘上岗、业绩考核、实际贡献与工资增长高度挂钩、依法参加社会保险上体现了更加市场化、企业化的原则。

2014 年公务员分类改革中最为重要的一环是司法人员分类管理。2014年中央通过了《关于司法体制改革试点若干问题的框架意见》和《上海市司法改革试点工作方案》，司法人员分类管理试点拉开帷幕。司法人员能够摆脱司法行政等方面的干预和影响。这有助于独立行使司法权，同时也有助于司法人员专业化发展，提高司法素养。通过对司法队伍的职业化、专业化管理来实现司法的“去行政化”，通过对司法机构的省以下垂直统一管理来实现司法的“去地方化”，减少人为对法律的干扰，也就是减少人为对市场的干扰，为市场经济的发展提供制度保障。

进一步推进户籍制度改革，是党的十八大和十八届三中全会确定的全面深化改革的重要内容，也是破除二元分割，适应经济转型的重大举措。2014 年 7 月 3 日，国务院正式印发《关于进一步推进户籍制度改革的意见》。《意见》明确将建立城乡统一的户口登记制度，取消农业户口与非农业户口性质区分，这标志着我国实行了半个多世纪的“农业”和“非农业”二元户籍管理模式将退出历史舞台。同时，《意见》还给出了一个具体的时间表，即到 2020 年，努力实现 1 亿左右农业转移人口及其他常住人口在城镇落户。取消户口城乡分割，实行统一的户口登记制度，全面实施居住证制度，基本建立以合法稳定住所和合法稳定就业为基本条件，以经常居住地登记为基本形式的户口迁移登记制度，这对于我们消除城乡歧视以及城乡二元分割起到了一个制度上的釜底抽薪的作用。这项改革减少了劳动力所受到的户籍限制，促使劳动力更加自由地流动，实现较为充分的就业，从而激发劳动力市场的活力，推动更多的社会财富被创造出来。

为适应经济转型的需要，国家出台了多项旨在降低创业门槛、鼓励创业的政策。2014 年 3 月，工商登记制度改革在全国推开。改革放松了对市场主体准入的管制，降低准入门槛，“公司实收资本不再作为工商登记事项。公司登记时，无需提交验资报告”；转变监管方式，“将企业年度检验制度改为企业年度报告公示制度”；简化住所（经营场所）登记手续，“申请人提交场所合法使用证明即可予以登记”。企业注册登记制度改革极大地激发了创业的动力。3—8 月登记制度改革后新登记注册企业同比增长 61%，呈现“井喷式”增长。同时，为引领和支持更多的大学生自主创业，6 月多部委启动实施“大学生创业引领计划”，各地区对大学生创业的支持计划也相应出台。9 月国务院常务会议，从简政放权、税收支持、融资支持、财政支持四个方面助力小微企业发展。推动创业，推动创业政策的出台一方面是为了激发社会活力，另一方面创业带动就业也是中国积极就业政策的重要内容。应该说上述一系列鼓励创业政策的提出确实起到了带动就业的作用。数据显示，在经济增速放缓的背景下，1—8 月，全国新增就业人口 970 万人，占全年目标的 97%，经济增速与就业增长背离。城镇调查失业率呈下降趋势，其中 2014 年 3 月、4 月、5 月的城镇调查失业率分别为 5.17%、5.15%、5.07%，这些数据背后一个重要原因就是创业数量大幅提升。应该说为了应对人力资源新常态，实施以创业带动就业的战略有助于产业转型升级过程中对就业的吸纳。但同时我们也应该注意到新建企业的增多也会带来更激烈的竞争。根据我们的研究，创业对就业的带动既有直接的作用，也有间接的作用。在短期内创业可以带来直接的就业效果，但是长期中对就业的影响可能为负。只有新创企业带来了整个市场效率的改善，在长期中才能提高就业水平。因此，政策制定应该更关注创业对就业的长期影响（张成刚等，2015）。

（三）区域劳动力市场一体化进程加快，京津冀一体化上升为国家战略

区域劳动力市场形成的背后是区域经济一体化的高度发展。区域经济一体化是我国新的发展引擎和促动转型升级的抓手。在推进一体化的过程中，需要政府部门在市场规则、监管、投资环境等方面创造统一的市场运行机制和环境，协同推进共同市场的构建，实现人才、资本、劳动力、税收等要素可以在共同市场里自由流动。

2014 年京津冀协同发展、长江经济带的建设和发展都上升为国家战略，与之相关的区域劳动力市场的版图也将全新改写。

在区域实践中，长三角区域一体化成效颇丰：最早启动了人才一体化进程，包括职称资格互认的制度衔接、人才交流、人才培训、人才政策等方面已经取得了实质性的进展，更好地发挥了人力资源的协同和外溢效

应，树立了人才市场一体化的标杆。相比之下，京津冀地区区域劳动力市场的发展与政策协同还处于发展与赶超的过程中。根据我们的研究，从人口流入流出的方向看，京津冀三地区域劳动力市场连续紧密，相互依存，人口的流入和流出呈现互补的形势。但是在政策层面，尚有许多制约人才、劳动力流动的政策藩篱有待拆除。京津冀三地应从自身的实际出发，利用区域地缘优势，积极探索区域人力资源管理的模式，通过区域人力资源的优势互补、资源共享，助力走出一条科学持续的协同发展道路。以户籍制度和社保制度为例，需要努力完善适应区域一体化发展的积分落户制度和流动附带的社会保险关系转移接续等问题。政策对区域劳动力市场的发展影响巨大，但归根到底区域人力资源是否能够实现一体化还是一个市场选择的过程。

（四）收入分配改革提速

数据显示，自 2009 年以来，基尼系数连续 5 年下降。2013 年全国居民收入基尼系数为 0. 473，这也是 10 年以来的最低值。基尼系数下降，与城乡收入差距、东西部收入差距缩小有关。但是整个社会的收入差距依然较大，收入分配领域的矛盾依然突出。收入分配领域改革可以从初次分配和再分配两个角度来看。

初次分配领域的改革已经开始推进。旨在“提低”的最低工资政策从 2004 年开始实行以来，各省的最低工资标准上涨迅速。2014 年，“限高”的政策也在国有企业率先出台。2014 年 8 月底，中共中央通过《中央管理企业负责人薪酬制度改革方案》，并强调其他中央企业负责人、中央各部门所属企业和地方国有企业负责人薪酬制度改革，也要参照该方案。有媒体报道央企薪改方案已于 11 月初下发。方案对负责人与职工薪酬差距倍数、薪酬结构、负责人身份分类管理、福利项目和兼职等都做了详细规定。中央管理企业负责人薪酬改革将对我国的收入分配的大格局产生影响，对党的执政建设也会产生影响。

公务员工资水平到底高不高一直是舆论热议的话题。工资结构不合理、收入地区差距大、工资调整缓慢、单一职务晋升通道都是现行公务员工资制度受到诟病的话题。2014 年公务员工资改革也有较大的推进。2014 年两会期间，人力资源和社会保障部副部长何宪透露，公务员工资制度改革方向将是缩小地区差距、形成合理的地区之间工资关系，建立艰苦边远地区津贴增长机制；此外，工资分配上要注意向基层倾斜，稳定基层工作的干部队伍。12 月，中央审议了《关于县以下机关建立公务员职务与职级并行制度的意见》，打破目前的职务决定工资待遇的局面，解决了单一职务通道有碍收入提高的问题。此外，上文提到的事业单位人事改革、司法人员分类改革也都有涉及收入分配的内容。

再分配领域的改革主要涉及惠及民生的多项措施。2014 年 2 月，国务院印发《关于建立统一的城乡居民基本养老保险制度的意见》，提出到“十二五”末，在全国基本实现新农保和城居保制度合并实施，并与职工基本养老保险制度相衔接；2020 年前，全面建成公平、统一、规范的城乡居民养老保险制度。2 月，人社部、财政部联合印发了《城乡养老保险制度衔接暂行办法》。这是继国务院统一城乡居民基本养老保险制度之后出台的又一项重要政策，主要是解决城镇职工基本养老保险与城乡居民基本养老保险两大制度的衔接问题。国务院决定破除城市、农村的身份差别，合并新型农村社会养老保险和城镇居民社会养老保险，建立全国统一的城乡居民基本养老保险制度，这既是我国经济社会发展的必然要求，也是消除城乡二元体制、打破城乡户籍制度、削平制度鸿沟的“攻坚战”，也有利于更好地发挥政府再分配的作用，构建更加公平的收入分配体系。2014 年 5 月，《社会救助暂行办法》正式开始实施。该办法确立了完整清晰的社会救助制度体系，突出了社会救助托底的重要作用。再分配领域的改革也体现了公平可持续的发展方向。2014 年 12 月，机关事业单位与城镇职工统一的养老保险制度改革方案已经国务院常务会议和中央政治局常委会审议通过，公务员、事业单位养老保险由单位和个人缴费，标志着养老金

“双轨制”的结束。

（五）人才战争愈演愈烈，人力资源激励模式多样化

受制于教育体系的低效以及人力资本投资不足，具备创新能力和行业经验的领军人才供给匮乏。在经济转型与技术创新双重驱动的背景下，企业对这类人才的竞争将更加激烈。

之前，外资企业凭借其规范的管理，国有企业凭借体制内优势往往比民营企业有更大的人才延揽优势。但是现在这个趋势在逐渐地翻转。随着民营企业经营实力的上升，也越来越受到人才的青睐。智联招聘发布了2014年三季度《就业信心指数报告》显示国企招聘需求继二季度出现25%负增长后再创新低，达29%的负增长；宽松政策带来民营资本活跃于市场领域，继续保持31%的增长；外企招聘需求与二季度相比，没有实质增长。随着全面深化改革的推进，民营企业可以获得更广阔的市场空间，凭借其灵活的激励机制以及高效的治理体系，对高端人才的吸引力可能会更强。

人才竞争另一个值得注意到现象就是中国企业开始把目光投向海外人才。随着越来越多的中国企业开始发展壮大并走向海外，很多公司都开始把目光瞄向拥有丰富海外生活和工作经验的中国人。人社部统计数据显示，截至2013年年末，持外国人就业证在中国工作的外国人共24.4万人。但上述外籍人才数量远未满足中国企业的需求。华为引入了一项以中国员工长期激励机制为蓝本的外籍员工持股计划，以招揽更多的外籍员工。联想集团核心管理团队的成员来自7个不同的国家，在2014完成对摩托罗拉移动的收购后，又有近3500名来自全球的员工加入联想。京东在2014年推出了一项国际管理人才计划，以招聘海外MBA毕业生，并计划在3年内将其培养成为高级管理者。

创新驱动以及人才竞争激烈的驱动下，加之政策推动，新的激励模式不断涌现，成为人力资源新常态的又一重要特征。2014年6月证监会发布

《关于上市公司实施员工持股计划试点的指导意见》后，共有 14 家上市公司推出员工持股计划，并在设计层面体现出股票来源及资金来源多样化的特征。值得注意的是，国有企业也开始试水员工持股计划。截至 11 月 12 日，已经陆续有 4 家国有 A 股上市企业宣布员工持股计划。与民营企业相比，国有企业推动员工持股计划更复杂，但通过这样的激励，可以帮助国有企业留住和激励核心人才，也能推动国企高管有动力去推行切实利于上市公司发展的资本运作或者项目建设。

相比国有企业而言，民营企业的人才激励机制更加多样、灵活。2014 年 9 月 20 日阿里巴巴在纽交所成功上市，在此前的一个季度，阿里集团支出人民币 30 亿元用以对员工进行长期激励，上万名阿里巴巴集团员工将从这项激励中获益。阿里上市是整个中国互联网产业造富运动的缩影。绝大多数选择境外上市互联网公司都有着共同的特点：员工享受高福利，同时多数持有公司股权。除了股权激励，互联网公司每年年终奖励也更胜一筹。金融行业中天弘基金成为首家员工持股计划基金。中国平安宣布核心人员持股的千人计划。而民生银行拟以定增方式实施员工持股计划，在金额、范围及力度上都远超同样披露了员工持股计划的中国银行、交通银行等国资银行。

在员工持股计划遍地开花的同时，一种新型的“类合伙人”激励模式也开始出现。“类合伙人”制度的出现既与企业面临着颠覆化创新——互联网思维和扁平化的管理有关，也来自于企业面对人才竞争愈演愈烈要求需要提供更多样的激励方式。同时类合伙人制度的出现也是为了绕开某些行业个人直接持股的政策限制。在一些寻求业务突破，快速扩张，并期望能够激发员工主动、担当精神的企业中开始尝试通过持股计划、项目跟投机制、内部创业等类合伙人的方式，实现企业与员工的利益共享、责任共担，激发员工的责任意识与创造性。未来可以预期类合伙人激励将被更多企业所重视。随着混合所有制改革的推进，更多的国有企业也有可能开始运作这样的新型激励模式。

（六）技术革新对人力资源影响愈显著

随着新技术的广泛应用，有媒体惊呼杰里米·里夫金所预言的第三次工业革命正在到来。首先，信息技术已经进入到一个大规模数据时代。从社交媒体到基于元数据分析的医学革命，大规模数据处理能力使以往无法想象的服务和业务成为可能。智能化生产将令我们制造产品的方式产生巨大改变，这个时代的决定性力量将是高素质人才，而不是廉价劳动力。移动互联网将使大多数人以无线的方式连接在一起，实时地沟通、交往和交易。

大数据对人力资源影响最显著的一个例子是社交网络对传统招聘行业的营销、商业和产品模式的冲击。2014 年 2 月美国职业社交网站领英（LinkedIn）宣布进入中国市场。由于拥有大数据技术，领英可以对不同的数据库进行针对性的总结分析，为企业提供定制化的报告，提升招聘的精准度和效率。国内与领英类似的猎聘网、拉钩网、猎上网也在 2014 年完成了大手笔的融资。而驱动资本市场看好这种招聘模式的首要原因还是该类模式公司对大数据更精准的掌控能力。

由于人力资源数量的基本矛盾，一些制造业企业纷纷将目光投向了智能化设备——机器人以替代工人。2014 年中国机器人需求呈现井喷态势。业界将 2014 年称为机器人元年。在 2013 年年底，工信部就发布了《关于推进工业机器人产业发展的指导意见》。2013 年 5 月，浙江已把“机器换人”列为产业政策，之后广东的东莞和顺德等地也立刻跟进，为机器代替工人的工厂提供补贴。在全国各地，机器人产业园更是遍地开花。与人相比，机器人可以昼夜不间断地工作，可以从事许多高危工种，也可以减少企业日益增加的管理成本，但由于成本过高、无法从事复杂工种，机器人替代人工还是一个逐步的过程，大规模的替代还需要一定的时间。但无疑，对低端手工劳动岗位来说，被机器人所替代的趋势将逐渐明显。

互联网技术不仅仅催生了中国互联网行业，也在改变着所有的行业。

互联网的发展催生了许多新技术、新产品、新业态、新模式，创造了上千万就业创业岗位。58同城于2014年11月宣布，推出实施O2O战略的58到家品牌，宣称在未来5年内招募1000多名万劳动者。阿里巴巴2013年公布的数据显示，目前阿里巴巴零售电子商务带动的直接就业和间接就业人数超过1200万人。互联网甚至影响到员工对企业发展前景的判断。根据天际网发布的《2014中国职场人白皮书》，“70后”裸辞原因中“企业面对互联网和移动互联网改革的挑战战略不清晰，行动迟缓，未来堪忧”竟然排第三位。互联网也在推动着传统产业转型。张瑞敏在回应海尔2年裁员2.6万人时称：裁员的背后是海尔在用互联网思维进行重构。

但中国企业将新技术应用于企业生产与管理的比例还比较低。麦肯锡咨询公司2014年7月发布的报告显示只有1/5的中国企业使用云计算数据存储和处理技术，而美国的这一比例高达3/5。中国企业只将2%的营收投入到IT领域，只有全球平均水平的一半。就中国石油和中国石化等规模最大、名声最响的国有企业，在IT技术的投入也较少。

技术革命带来的商业模式和思维模式的变化也在重塑着人力资源管理的形态。在互联网时代，工业时代的管理体系——封闭、科层分工似乎正在失去战斗力。在高速变化的互联网时代，技术泛式革新的速度前所未有，原来渐进式变化已经被革命激进的变化取代。对移动互联网时代的企业而言，应对外部商业环境变化的能力已经变成企业生存的根基之一。组织结构越固定封闭，对外界的反应时间越长，越难以适应竞争态势。互联网时代的企业组织结构会更加扁平化，人才流动与重组会更加频繁。我们已经看到小米这样的扁平化到极致的互联网企业如何利用三个层级，七个核心创始人——部门leader——员工和上百个小团队将每件事情做到极致。华为也强调要简化组织管理、充分授权、减少层级，让组织更轻、更灵活，实现“班长的战争”。海尔已经开始根据互联网时代的思维模式，转移战略重心，从以企业为中心转移到以用户为中心；重构组织架构，研发、制造与销售都围着用户同时进行；改革薪酬分配机制；鼓励内部创业，把企业由管控组织变为创业平台。

组织结构调整的同时，如何快速地对人才进行调整，如何改变传统的绩效考核模式、薪酬分配模式也是人力资源管理的新的课题。全球绝大多数一流企业的人力资源管理部门正在进行战略转型：从传统的人力资源管理部门演变为 HR 业务合作伙伴、专家中心、共享服务中心。这表明，在互联网时代，人力资源管理要更贴近业务，才能形成对公司核心竞争力的有效支持。通过与余额宝合作而增长为公募基金资产总规模第一的天弘基金，每个业务体系都配备 1 名业务 HR。人力资源管理模块工作不再是在办公室内闭门造车，而是与业务 HR 一起诊断、分析从业务团队承揽来的实际业务问题。未来，在全球人才整体流动频繁的背景下，人力资源部门在人才发展、人才保留与激励、雇主品牌等方面需要投入更多精力。

三、未来展望与结语

2015 年将是在经济新常态下人力资源新常态特点更为突出的一年，基于人力资源新常态的驱动因素和特点，我们认为，未来人力资源领域将展现出以下的发展趋势和走向。

依法治国下，劳动力市场法治化再上新台阶。政府职能的法治化与提高社会治理法治化水平是推动国家治理体系与治理能力现代化的基石。对于人力资源领域，这意味着未来劳动力市场的法制基础将趋于完善，劳动合同、最低工资、劳务派遣规定、反歧视等维护劳动力市场公平的政策法规将得到更好地执行，劳动者权益将得到更好的保障。

招工难和人工成本上升将推动技术替代劳动。人力资源数量与质量的矛盾在短期内不会缓解。招工难、用工贵的情况将有愈演愈烈的趋势。由此将驱使企业选择技术来替代劳动。正如本文中所述，这一趋势在一些用工大省已经开始体现。随着技术成熟度不断提高，未来几年中技术替代劳动的趋势在制造业企业中将迅速蔓延。

体制创新和管理创新将成为经济新常态下的主旋律。可以预见，在国家治理体系和治理能力现代化趋势下，自上而下的体制创新将进一步为市场松绑，为人力资源的发展创造更好的社会环境。同时，在未来几年可以看到企业战略路径、组织结构、激励模式、技术应用等方面的创新将会不断涌现，这些都将大大提升人力资源的效率与质量。收入分配将面临缩小差距与加大激励的双重挑战。由基尼系数衡量的我国收入分配差距已处于高位，通过收入分配改革，缩小收入差距，从而避免掉入中等收入陷阱的呼声日益高涨。然而鼓励创新、推动技术进步，以及全球范围内的人才战争，都要求对各行各业杰出高端人才给予高薪、低税收等更大的激励。

大学生创业与体制内人员创业并行，创业风潮将不断涌动。2014 年国家出台鼓励大学生创业的政策措施将在 2015 年继续落实并生效。可以预见，随着政府和事业单位改革的推进，体制内“福利”的不断下降，体制内人员“下海”的创业也会再次出现，新一轮创业风潮将不断涌动，创业带动就业的效果将日趋明显。

（本文曾发表于《中国人力资源开发》2015 年 03 期）

变迁中的中国劳动力市场：公平与权益保护重于效率①

钟宁桦* 何佳馨

过去的20年间，诸多原因导致我国的劳动力市场发生了巨大变化。首先，大规模的国有企业改制，大量国有企业工人下岗，他们原有的“铁饭碗”被打破，而代之以更为灵活的、市场化的雇佣合同。与此同时，私营部门迅速发展，目前在私营部门就业的人数占城镇就业总数的近一半，私营经济已经占到了中国工业增加值的近2/3。其次，大规模的农民工进城，增强了城市劳动力市场的竞争程度、改变了城市企业内部的劳资关系。据国家统计局的估计，至2009年，约有1.4亿农民工在城市里工作。这些因素共同导致劳动合同的“非正规化”。一方面，市场上出现了各种

① 本文受国家社科基金重大项目“我国中长期经济增长与结构变动趋势研究——基于有限赶超发展模式制度约束和微观基础的理论与实证分析”（09ZD020）资助。

* 钟宁桦，香港科技大学工商管理学院金融系博士，同济大学经济与管理学院经济学与金融学副教授（2013年6月破格晋升）。兼任加拿大西安大略大学“中国政策研究中心”特聘研究员，曾在国务院发展研究中心金融研究所、世界银行下属国际金融公司、国家发改委中小企业司以及国家统计局开展研究工作。作为研究者，其多篇论文被国际顶级经济学期刊《*Journal of Labor Economics*》《*World Development*》《*Journal of Comparative Economic*》《*Journal of Business Ethics*》《*Economics*》等收录；并在《经济研究》《金融研究》《经济社会体制比较》《世界经济文汇》等国内著名学术期刊上发表多篇论文，并作为最年轻的专家学者入选《经济研究》编辑部学者库。此外，其还担任《*International Review of Finance*》《*Industrial Relations*》《*Human Relations*》《*ILR Review*》《*International Journal of Manpower*》《金融研究》《世界经济》和《世界经济文汇》等期刊的匿名审稿人。2015年，其获得了中国经济学领域最高奖——第十六届（2014年度）孙冶方经济科学奖（当年共4篇获奖论文），成为该奖历史上最年轻的获奖者之一。

非正式的劳动关系，其中包括短期工、临时工等。另一方面，一些应该包括在劳动合同中的待遇条款普遍缺失，比如基本养老保险。非正规化劳动合同的普遍使用，减弱了对劳动力的保护。伴随着始于2007年的金融危机对实体经济部门的冲击，侵害工人权益的情况越来越严重。

加强劳动力保护日益迫切

最近几年中，我国的人口、经济和社会结构都在发生剧烈的变化，使得加强劳动力保护、提高低技能工人收入的问题变得日益急迫。

第一，劳动力供给下降。不少学者判断，中国劳动力供给总量在2010年达到了最高值，随后便将逐年下降。事实上，青壮年劳动力供给量的下降，几年前就已开始显著地反映在沿海地区的“民工荒”与工资的上涨上。据估计，在2009年和2010年，农民工平均工资的上涨幅度都超过了20%以上。劳动力供给的进一步下降会继续加强工人的谈判能力，使他们要求得到更高的待遇。

第二，各种形式的劳动争议案件数量迅速上升。根据原劳动与社会保障部的统计，全国各级劳动人事争议仲裁案件由2000年的13.5万件上升到2009年的约87.5万件。而劳资矛盾也越来越多地以比较激烈的方式出现。劳资纠纷对于经济增长所带来的负面影响不断提高。

第三，经济结构转型的需要。最近几年，我国居民消费仅占GDP的35%左右，远远低于其他发达和发展中国家，并且还在不断下降。低居民消费使得中国的经济增长过度依赖于投资和出口，并引致持续的国际贸易与汇率争端。导致低消费的一个重要原因是收入分配的不均，尤其是低技能农村劳动力的收入偏低。由于处于弱势，他们的付出没有得到合理的回报，较低的收入限制了这一大批人群的消费，也抑制了内需的增长与国内生产能力的充分使用。

第四，国内外有关中国工人工作状况的报道和研究日益增多。据《纽约时报》等国外报刊的相关报道，在中国的玩具、制衣等出口部门，工人每月平均工作时间超过300个小时，并且工人往往只有在每周工作超过40个小时之后才能积攒一些钱寄回家里。因此他们被迫“自愿地”长时间工作。此外，2000年在英国一份劳动关系学术期刊上发表的文章指出，中国农民工中超过一半以上不能按时收到工资（尤其是建筑业），大约七成左右一周内没有一天的休息时间，大约一半没有超时加班费，而3/4没有节假日加班费。

为了规范劳动力市场、创造更为和谐的劳资关系，我国政府在过去20年间出台了一系列法律、法规，尤其是受到广泛关注的《劳动合同法》。然而，该法自颁布以来受到了各种形式的抵制和规避。其他有关劳动关系的法律或多或少也都存在执行力度的问题。近几年中，中国工人尤其是沿海和较发达城市中的工人，越来越多地借助司法途径寻求自身权益的保护。但是，无论从谈判能力还是从可以得到的相关支持上来看，个体工人仍然是处于弱势地位的。严格执行法律还需要在企业层面有一个制度性、更强有力的机构。

工会利于提高中国部分企业工人福利

在西方发达国家中，工会组织对于劳动力市场的公平和均等化起到了一个非常重要的作用，工会组织的发展程度也是衡量劳动力市场发展程度的一个重要指标。通过组织集体谈判以及在同属一个行业的企业间设定标准工资等方式，工会缩小了劳动力市场上的工资差距，也降低了工人的流动性。在西方学术界，有很多研究讨论工会的存在是否降低了劳动力市场的效率、增加了失业，至今尚没有定论。不过，有关劳动力市场管制的研究所得出的一个基本共识是：一个过于自由即强调雇主权利的市场，或一个过于保护雇员、为企业设定很多规制的市场都是不利于经济的持续发展的，需要在效率和公平之间做个权衡。然而，对于当前我国的劳动力市场，强调公平和劳动力权益保护的重要性可能已经远远超过了强调效率本身。

中国的工会组织在最近几年中取得了显著成就。至2009年年底，全国已建有约185万个基层工会组织，这个规模大概是2003年的2倍；截至2011年，全国工会会员总数达到2.26亿人，在过去5年中增加了近1个亿。同时，中国工会在诸如沃尔玛等一些著名的外资企业中建立了基层组织。

笔者与北京大学姚洋教授基于世界银行国际金融公司在中国12个省近1300家企业的调研数据做了一项研究。基本的数据分析显示，工会的存在能够提高工人的小时工资约8%，提高企业的养老保险覆盖率约15%，但在缩短工人每月的劳动时间上基本没有作用。此外，有工会的企业在其他一些有关工人福利的方面也做得更好，包括较高的失业、医疗、工伤和意外保险覆盖率，组织上岗前的培训，较低的车间事故率，较高的遣散福利支付等；职员和工人的平均工作年限是没有工会企业的2倍以上，或者说工人的流动性显著要低。我们在研究中充分考虑了企业间的差异，考虑的因素包括企业的人员和资本规模、企业所处市场的竞争程度、是否为出口企业等。我们还专门考察了私营企业、所处行业为制造业的企业，以及位于广东省的企业。研究表明，工会在工资与养老保险上的作用一直是存在的，并且在广东的企业中，工会显著地缩短了工人每月的平均工作时间约6%。这可能是由于位处广东的企业，更多的是从事劳动力密集型的出口加工业，处在全球竞争非常激烈的产业链上，不得不尽量压低成本以与劳动力成本更低国家的企业相竞争。广东省企业的平均工作时间超过其他省份，而工会的存在可能纠正了一些严重的超时加班现象。基于我们的研究，我们认为，至少在中国的某些企业中，工会确实起到提高工人福利的作用。

工会是否有实际作用取决于很多因素，包括管理者对于工会的理解，工会的组织结构和策略、工人的权益意识和积极程度等。就管理者的态度而言，可能很大一部分雇主，尤其是私营企业的雇主会试图压制工人不满情绪的表达并使工会组织流于形式，但也有一些私营企业雇主将工会组织视为增强企业凝聚力、降低工人流动性、提高企业形象和生产效率的一种方式。工会发挥作用的一个有效的方式，可能是通过推动工资集体合同和书面劳动合同的签署。这两点其实正是《劳动合同法》所试图推进的，也是近几年全国总工会工作的重点。作为代表工人的一方，在工资集体协商的谈判过程中，管理层会更认真地对待工会提出的要求。而书面合同的签署，在劳动争议请求司法仲裁时也能增加工人获胜的可能性。虽然，集体工资协议和书面劳动合同的内容，很可能没有超过法律有关劳动报酬的最低要求。不过，在现阶段如果工会能够借助执行《劳动法》和《劳动合同法》等来有效地规范劳资关系、保护工人在工资和工作时间上的合法权益，那么它就已经能够对中国劳动力市场的健康发展作出显著的贡献了。

中国工会组织转型路径

与之前相比，现阶段政府和工人可能对于工会组织有了更高的期望。中国的工会要实现成功转型，首先，需要很多策略和组织方法上的思考。比如，之前的工作方式基本都是“自上而下”的，试图说服企业的管理者，但以此建立起的工会组织往往不独立于管理层，从而失去了代表工人利益的作用。那么，工会工作的重点是否可以更多地放在动员工人上，更多切实地组织、关心工人的权益。

其次，行业性的工会联合会和地区性的工会联合会比企业层面的工会作用更大。因为行业工会联合会直接与所在地区同属一个行业的所有企业谈判，确定一个工资水平，签订专门的工资集体合同。由于独立于企业，工会的谈判力量更大，而企业也通过这种方式规避了彼此之间在工资上的恶性竞争与劳资纠纷。这是一个很好的多赢的局面。

再次，在经济危机后，沿海出口企业一面受到人民币汇率的压力，另一面受到劳动力成本上升的压力，利润空间不断缩小。大量的中小企业破产、停止生产。全国总工会在推进工资集体协商、提高工人福利的同时，是否可以争取让这些企业得到更多的税费上的减免，使得企业能够更加平稳地改善工人的待遇？

此外，中国的工会组织或许可以更多地思考以下几个问题：怎样提高现实的谈判能力，怎样协调各个政府职能部门以切实提高工人利益而不严重影响企业的生产运营，怎样处理各种自下而上的请求，以及怎样对待管理层才能有助于企业效率和人事管理上的改进？

总之，在劳动力权益保护问题日益迫切而法律体系尚不健全的环境下，中国工会组织有着很大的作为空间，应更好地借助于法律，有效地推进我国劳动力市场的规范化和均等化，促进我国经济持续、稳定地转型和发展。

（本文曾发表于《中国社会科学报》第221期，作者获2015年孙冶方经济科学奖的获奖论文由本文修改而成。）

关于员工持股制度与员工权益保障的初步研究[①]

中国工运研究所员工持股课题组

党的十八届三中全会提出："允许混合所有制经济实行企业员工持股，形成资本所有者和劳动者利益共同体。"2014 年 6 月，中国证监会发布《关于上市公司实施员工持股计划试点的指导意见》；2015 年 1 月 12 日，国资委全面深化改革领导小组第十八次全体会议审议了《关于混合所有制企业实行员工持股试点的指导意见》。员工持股计划的实施为工会工作开辟了新领域，也提出了新要求。由中国工运研究所牵头，与全总民主管理部、保障工作部、法律工作部等部门组成员工持股课题组就此开展调研，提出如下报告。

一、企业员工持股的概念和特征

员工持股计划（Employee Stock Ownership Plans，简称 ESOPs）是企业员工通过贷款购买、现金支付等方式拥有企业的股票，从而以劳动者和所有者的双重身份参与企业生产经营管理的一种制度。员工持股具有所有者让利的性质，它的资金来源可以是员工未来的工资支付、储蓄或贷款，也可以是企业赠予，也有些企业直接向员工赠予股票。员工持股计划主要由普通员工参与，如美国的员工持股计划规定普通员工必须达到 70% 以

① 本文受到国家社会科学基金重大项目"构建和谐劳动关系研究"（12&ZD094）资助。

上。在我国相关的讨论中，员工持股并不仅仅指员工持股计划，还包括了股份合作制企业中的员工持股。股份合作制企业中很大一部分是实行全员持股，有些以员工持股占据股份的主体，与严格意义上的员工持股计划有所不同。在市场化改革之前和改革初期，国有和集体企业的员工持股一般都称为职工持股，随着改革深入，职工持股的提法逐渐被员工持股取代，这样就涵盖了非国有经济企业在内的所有员工持股的情形。职工持股会一般是指依法设立的从事内部职工股的管理，代表持有内部职工股的职工行使股东权利，并以公司工会社团法人名义承担民事责任的组织。实践中存在三种类型：经核准登记的社团法人；依托工会的非法人团体（不进行登记，仅作为公司的内部组织或工会的下属组织）；企业法人形式的代表。

员工持股具有以下几个特点：一是封闭性，即参与者只能是企业的在职职工。二是持股比例有上限，美国企业的员工持股计划占公司股份的份额一般都在10%以下。三是长期性，持有的股份不能立即转让，必须达到一定的年限之后才可以转让，这主要是为了避免短期的投机行为。四是行使权利的间接性。参与持股计划单个员工只能通过民主的方式在持股机构内部表达自身意见，而不能越过它直接参与公司治理。

二、我国员工持股的现状及进展

（一）我国员工持股的基本状况

我国对员工持股的政策规定经过了多次调整，在不同的阶段政策导向有很大不同。在20世纪80年代初期，我国兴办了一大批集体企业，这些企业中劳动、技术和资金都可以作为出资，具有合作经营的属性。1987年党的十三大提出，股份制形式是社会主义企业财产的一种组织方式，可以继续试行，此后股份制企业进一步增多。按照1992年多部门联合发布的《股份制企业试点办法》和国家体改委发布的《股份有限公司规范意见》

的规定，定向募集的股份公司设立时，内部员工持股的比例不超过20%。但是由于试点中出现了一些混乱现象，1993年，这一比例调整到了2.5%。1993年、1994年先后出台文件，停止对定向募集股份有限公司的审批，停止对职工内部股发行的审批。到2006年，《公司法》允许公司回购股份用于奖励职工，职工持股的地位才重新得到了肯定。

目前，关于我国员工持股的企业数量尚未发现统一数据，最权威数据是证监会掌握的上市公司员工持股情况。截至2012年9月30日，沪深两市共有1841家A股上市公司存在员工持股的情况，占全部2467家A股上市公司的74.63%。员工持股总股数982.3亿股，占有员工持股A股上市公司总股本6.33%，占所有A股上市公司总股本的3.13%。股权激励计划也是员工持股的一种形式，自《上市公司股权激励管理办法（试行）》2006年开始实施后，上市公司累计推出了433个股权激励计划，涉及379家上市公司。

企业实行员工持股需要设计员工持股方案，一般包括员工持股总量和比例、资格认定、分配方案、实现方式、资金筹措、股权管理与流动等。其中，员工持股的实现方式是员工以什么方式实现对股权的占有，职工持股会持股是我国最为常见的员工持股实现方式，经历了发展、限制到禁止的过程。根据中国证监会《关于职工持股会及工会持股有关问题的法律意见》（法协字〔2002〕115号），对于已上市公司再融资时，要求其股东不存在职工持股会或工会，对于拟上市公司在发行股票时，要求股东不属于职工持股会或工会持股。商业信托持股模式逐渐成为国内普遍采用的尤其是具有上市意愿公司的员工持股方式。

关于对员工持股的规范，当前我国主要以政策手段为主，限于各地、各行业甚至各企业的具体规定，在全国范围内没有建立统一的法律制度。截至2011年，全国有关员工（职工）持股相关问题的各类法律、法规及规范性文件共约100件，其中以地方性法规为主，约占六成；部委规章占三成多，还包括少量的行政法规和行业规范。对员工持股计划的法律规定较为明确的是针对上市公司员工持股，对于员工在公司 IPO 前已经持有的股份，主要依据《公司法》和《首次公开发行股票并上市管理办法》；对于股权激励计划，主要依据《上市公司股权激励管理办法（试行）》；对于员工持股计划，主要依据《关于上市公司实施员工持股计划试点的指导意见》。

（二）国有企业的员工持股现状

国企实行员工持股一般与企业改制同步，主要有四条途径。一是鼓励辅业企业的职工持有股权。改制企业可以用国有净资产支付解除职工劳动关系的经济补偿金，剩余部分可向改制职工出售，职工也可用经济补偿金直接转为改制后企业的股权，从而实现持股。二是国有大型科研、设计、高新技术企业改制，通过发起人出资、增资扩股、产权受让、实施股份期权等多种方式，使科技管理骨干取得企业股权。三是增量资产奖励股权。从超过考核目标值部分的经营性利润中，按一定比例给予企业班子成员和管理、技术骨干的股权奖励。四是通过现金购买实现职工持股。

根据国有企业的不同功能，国家对是否实行员工持股有不同规定：对于垄断型企业，国家一般不允许实行职工持股。这类国有企业的职工尤其是管理层，掌握了大量的国有资源，如果允许其以掌握的国有资源为己谋取利益，是对社会其他成员的不公平。对国有大型工业商贸企业，管理层和职工可以同等条件持有本企业的一部分股权，但不能拥有控股权。对于国有大型科研、设计、高新技术企业，鼓励科技管理骨干以各种方式持有本企业的股权。

（三）员工持股在我国的最新进展——上市公司员工持股计划

2014 年 6 月，中国证监会发布《关于上市公司实施员工持股计划试点的指导意见》。根据安信证券数据，截至 2014 年 11 月 25 日，已有 31 家上市公司发布了员工持股计划草案，其中 4 家为国企，上港集团、海格通信、兰生股份是地方国企，易华录由中央企业控股，占 13%；其余 27 家均为私企，占87%。

推进国企混合所有制改革中的员工持股安排，国资委提出了总体思路：一是从事一般性竞争业务的国有企业可以实施，从事自然垄断、行政垄断业务、具有国家特许经营资质、政策性企业以及其他非竞争性企业，不适合引入员工持股。二是在国企改制时同步引入员工持股。三是持股范围原则上限定在本企业职工。四是向关键岗位、科技骨干人员倾斜，全员持股不值得推广和鼓励。五是股权来源一般采取增资扩股，不宜采用转让存量股权的方式让员工持股。六是以合法现金出资。七是以评估值作为基本定价依据。八是日常管理建立动态调整和退出机制，辞退、调任、退休等持股员工应把股权转让给企业内部符合条件的受让者，或者作为内部股权。九是坚持试点先行，防止一哄而上。2015年1月12日，国资委全面深化改革领导小组第十八次全体会议审议了《关于混合所有制企业实行员工持股试点的指导意见》。

目前各地的员工持股计划作为国企改革的配套措施推出。总结各省混合所有制改革中员工持股安排，主要面向管理者、核心技术人员和业务骨干，面向全部职工的持股计划较少。

三、我国员工持股面临的主要问题

员工持股制度在完善所有制结构及公有制经济的实现形式方面提供了一种有益的探索。然而，由于对员工持股制度理论准备不足、制度规范缺失，员工持股存在一些问题。

（一）员工持股会等组织形式法律地位不明确，运作不顺畅

我国没有专门的法律对员工持股机构予以明确规范，只是在地方或部委规章中对员工持股会有一些规定。当前，员工持股机构主要有员工代表出资（自然人相互委托）、企业法人持股（壳公司）、信托和员工持股会

等形式。但是这些出资主体本身存在着很多问题。员工代表出资最大的风险是没有法律保障，当受托方和委托方发生争议时，如何保障作为实际出资人委托方的合法利益存在法律风险；以新成立公司的方式完成出资，有《公司法》规定的人数和对外投资比例的限制；以信托方式运作存在着员工持股会不能有效发挥参与公司治理和民主管理功能的问题；以员工持股会或工会的名义进行出资与社团法人是非营利机构的性质不符，特别是在以工会为依托的员工持股会形式的企业里，工会、员工持股会所代表的是不同的利益群体，在具体工作中容易发生职责混淆甚至利益冲突。员工持股会的法律地位不明确，对规范操作带来制约，部分公司的股东会等不重视员工持股会的独立股东地位，往往通过公司董事会作出决议将员工持股会解散，或者强行要求持股会的会员退股。员工参与公司决策的共益权一般由持股员工自行解决，导致员工持股机构形同虚设，实践中还出现了持股员工状告员工持股会，而员工持股会推卸责任的法律纠纷。

（二）员工持股在优化公司治理功效、发挥激励机制作用上不明显

员工持股的初衷之一是健全公司法人治理结构，通过员工持股，使员工从自己投资效益的角度出发成为最关心公司经营发展的内部人。但在我国内部员工持股的制度设计和实践运行中弱化了其参与公司治理的功能，强化了员工持股的获利偏好，甚至出现利润侵蚀工资现象，股东获取更多分红，挤占压缩非持股员工工资提升空间。员工持股比例偏小，不足以参与影响企业的经营、管理、决策，难以起到应有的激励作用。员工持股会行使股东权利，虽可提高员工持股比例，但各地对员工股一般控制在较低比例之内，致使员工持股机构只是负责员工股票登记和日常管理，而没有参与公司的经营决策，不能对公司经营者发挥监督作用。同时，由于员工持股通常是按照员工在公司中的不同级别而分配不同数量的股份，有可能进一步强化管理层在公司中的话语权，弱化职工参与企业民主管理的权利。

由于缺乏长期的规划以及对企业的业绩担忧，加上规范员工持股交易

限制的法律缺失，募集公司上市，员工股逢高就抛。员工持股原本所具有的加强企业职工凝聚力、激励员工提高生产效率的作用得不到发挥。此外，一些企业受经营机制和企业效益影响，员工股长期无红利可分。还有一些企业在经营发展状况好的时候，以不合理的较低价格回购员工股。这些现象导致企业通过员工持股使职工与企业联股联心作用不足，有的甚至引发集体性劳动争议，影响职工队伍的稳定。

（三）国企员工持股容易导致国有资产流失及其他一些问题

员工持股计划从20世纪80年代末引入我国以来，在国企改革中也被广泛采用，在这个过程中出现了一些问题。其中最为人所诟病的问题之一就是部分国企特别是政策性业务为主、国家定价为主的垄断性企业，企业效益与员工积极性并不直接挂钩，员工以股权的形式享有了应属于全体国民的企业产权，员工持股有福利化倾向，易造成国有资产流失。许多国有企业以存量方式实施股权奖励，但是行权价格却以净资产作为基准，而非市值作为上市公司价值考量的标准，有悖于股改的目标，更会造成国有资产的流失。部分国企在经营困难进行员工持股计划时，搞平均摊派，筹集资金，强迫员工持股。部分国有企业在实施员工持股计划时，没有从严把关企业股票的去向，使得一些员工股被非企业员工购买。

（四）上市公司员工持股有关信息披露、股权登记及税收优惠方面的配套制度未能及时跟进

目前证监会公布的只是一个关于上市公司员工持股试点的指导意见，还有较多内容特别是实施方式等需要明确或补充。上市公司实施员工持股，一般有自然人直接持股、通过特殊设立的公司间接持股等方式。一旦公司上市，代持公司及代持情况都要作为重要信息对外披露，而这些信息往往是公司不愿对外披露的，如果处理不好，就会出现问题。同时，证券登记结算公司应负责员工持股计划证券账户开立等有关工作。目前员工持

股方案还没有体现出政策优惠的内容，不少上市公司都反映税收不合理。

四、推进员工持股计划、保障员工权益的对策建议

推动员工持股计划平稳实施，有效增加员工收益和企业经营效益，提高企业的凝聚力，建立完善法人治理结构，推动全社会收入分配制度改革，需要理论的突破和实践的创新。

（一）支持上市公司和其他非公企业实施员工持股计划，积极推动员工成为企业股权所有者

继续建立统一的员工持股计划制度，扩大员工持股计划实施范围。证监会出台的《指导意见》为上市公司员工持股行为提供了操作规范。非公企业特别是民营企业是吸纳就业的主力，随着推出股权激励企业数量的不断增加，今后也还是员工持股计划实施的主力。相关部门要充分沟通协调，加快未上市非公企业员工持股计划制度设计，重点突出员工持股计划中信息公开、登记结算业务办理、税收支持措施等内容，特别是明确员工在持股中权益保护和风险防范，增强员工的投资意识和信心，以推动更大范围的市场经济主体形成资本所有者和劳动者利益共同体。支持上市公司和未上市企业在依法合规的前提下创新思路，多态势、多模式、多路径实行员工持股计划，自主选择获得股票和资金来源途径、管理模式、退出机制等，创造性地提出符合公司自身发展方案，大胆开展试点工作。

（二）积极审慎实施国有企业混合所有制员工持股计划，探索推出实施方案

员工持股作为此轮国有企业改革的核心，不仅对国有企业自身发展意义重大，其制度设计在各类员工持股计划实施中也会起到一定的示范作用。整个混合所有制企业员工持股还要慎重推进，避免因新的分配不公加

剧矛盾。对国企分类、员工范围、持股比例、持股方式、股权来源、实施路径等几个方面充分论证，对于员工持股的导向、操作和管理等进行系统全面的界定，推出混合所有制员工持股方案及实施细则等指导意见。支持地方选定行业先试先行，可以先圈定适合实施员工持股计划的国企尝试改制为混合所有制企业时，同步引入员工持股。具有自然垄断、行政垄断等其他非竞争性企业，不宜引入员工持股。从事一般性竞争业务的国有企业可以实施员工持股，持股人员原则上也应该限定在本企业的职工，以防止利益输送。实施中应当坚持试点先行，为制定国企改革的方案提供实践依据。

（三）跟进国企混合所有制改革股权变换过程，防止国有资产流失

在混合所有制经济形成中健全国有资产监管体制。混合所有制涉及干部管理体制、劳动用工制度、分配体制等重大问题，防范国有资产流失应成为此轮衡量改革成效的标准之一。应清理已有国企持股政策文件，合理设置员工持股方案和操作细则，监管混合所有制经济中国企方面出资行为，明晰产权关系，搞好产权登记，规范产权流转，加强资产监督，防止国有资产流失。

（四）工会组织要积极参与员工持股制度顶层设计，有效表达员工利益诉求

一是充分认识员工持股会性质作用。2000 年 7 月 7 日，民政部办公厅印发《关于暂停对企业内部职工持股会进行社团法人登记的函》，停止审批职工持股会的法人资格，不再登记职工持股会。实际上，已建员工持股制度的企业大都由企业工会代管，员工持股会依托于工会，其好处有：员工持股制度可以在工会支持下迅速建立并且运转起来，减少各方面的阻力；工会保障职工在企业内部各项经济利益，包括员工持有的本企业资产的权益。由工会牵头的员工持股会应当是顺应改革大势维护员工经济利益

和民主权利的组织形式，也有利于组织和引导持股员工，理性有序处理与企业因经济利益而引发的矛盾。当然，在员工持股会的设立、运作及管理中，必须严格界定其组织性质、投资运作及活动方式，使其在一个可控范围内有序运作、健康发展。企业工会负责人可以通过持股员工选举担任员工持股会的领导职务，代表持股员工参与企业董事会、监事会等决策、监督机构工作。工会不能包办代替应由员工持股会讨论和决策的事项。员工持股会以工会法人持股所发生的债务，也只能按照《公司法》《职工持股会章程》的规定，以员工持有的股份承担相应责任。

二是明确员工持股人员范围和员工持股比例。从一些国家的经验来看，只有将员工持股作为调动员工积极性的一种激励手段，使员工与企业在所有制上共命运，才能起到增强企业活力的作用。因此，在股份设置上要面向全体员工，坚持员工自愿入股原则。因企业内部员工持股制度侧重于长期激励，要求参与人员与企业有相对稳定的劳动关系，参与企业内部员工持股的成员应当是企业的在职员工。工会及其员工持股会应当就具体比例听取本企业员工意见，充分考虑员工的出资能力和承担风险能力，争取企业让利，向一线员工倾斜，让更多员工在更大程度上参与企业经营决策和管理。在个人持股比例上，工会要对员工的劳动贡献大小、岗位重要程度、工龄长短等综合考虑，把握好参与按生产要素分配与按劳分配的度，提出合理意见，在企业决策时充分表达。从以往经验来看，员工股本占企业总股本的比例不能过低，大型企业最低应在10%以上，中小企业应在30%以上。如果员工股本金过少，也难以派出代表进入董事会和监事会，参加企业的决策管理和监督，维护自己的合法权益。

三是防止出现利润侵蚀工资现象。员工持股取得方式可以源自企业对员工部分工资补贴的扣缴，或企业抽取一定比例的利润或结余，或动用公益金取得股份分给员工等，包括企业利润向经营管理者和核心技术骨干持股倾斜，这些持股方式操作不当，可能对普通员工实际获得的工资补贴以及持股的数量造成影响。工会要密切关注员工持股计划实施中对普通员工实际收入的影响，充分注意员工因内部利益分化可能出现的矛盾和问题。在企业制订员工持股计划时，积极与企业开展集体协商，提出工会的建议和方案，保障普通员工生活不因参与持股受到不利影响，持股积极性不因出资压力等有所降低。

四是充分发挥职代会作用。充分发挥职代会作用，使职代会作用在员工持股制度实施中得到发展，是工会工作的重要方面。实施员工持股计划、设立员工持股会等，是关系员工切身利益的重大问题，应当由职代会充分审议，对企业生产经营、清产核资和资产评估情况、员工持股金额的来源和组成等问题，充分吸纳全体员工的意见。要强化职代会的协调和监督作用，处理好按资分配和按劳分配的关系，照顾到不同员工的切身利益。

做好员工持股工作与企业运营和员工利益实现密切相关，有利于巩固和加强工会在企业中的地位。工会组织要提高托管运作员工股的素质和能力，建立为员工持股会服务的机构，在员工持股计划的规范运作中，不断加强探索和总结，使广大员工通过持股加强与企业之间的产权纽带，提高对企业生产经营的关切度，缩小货币资本与劳动力资本在投资回报上的差距，更好地共享企业发展成果。

（课题组成员：吕国泉、张妍延、张天文、陈杰平、张瑞玲；执笔：张立新、刘蕾、王压非、赵亮亮）

我国劳动者工作时间特征与政策选择①

赖德胜* 孟大虎 王 琦

一、适当缩短工作时间是迈向高收入国家进程中的必然选择

劳动者在工作与闲暇之间如何进行选择，是劳动经济学研究的传统主题之一。在现实生活中，我们每个劳动者都需要在工作与闲暇之间进行时间配置决策，都希望在工作与闲暇之间找到适合自身的平衡点。然而，要做到这一点并不容易。如同习近平总书记2014 年2 月7 日接受俄罗斯电视台专访时所说，“今年春节期间，中国有一首歌，叫《时间都去哪儿了》。对我来说，问题在于我个人的时间都去哪儿了？当然是都被工作占去了”。

国际经验表明，在一国人均收入水平还不高的经济发展早期阶段，劳动者愿意为了提高收入放弃闲暇时间而增加工作时间。然而，当人均收入

---

① 本文受到国家社会科学基金重大项目“构建和谐劳动关系研究”（12&ZD094）资助。

* 赖德胜，经济学博士，教授，博士生导师，中国民生研究院特约研究员，北京师范大学经济与工商管理学院院长，劳动力市场研究中心主任。2004 年入选教育部新世纪优秀人才支持计划，2012 年入选教育部“长江学者”特聘教授，2013 年入选“百千万人才工程”国家级人选，并被授予“有突出贡献中青年专家”称号。享受国务院政府特殊津贴，曾获霍英东基金青年教师奖（研究类）二等奖、北京市“五四”奖章、教育部高校人文社会科学优秀成果奖三等奖、北京市哲学社会科学优秀成果奖一等奖、北京市高等教育教学成果奖一等奖等。兼任国家社科基金学科评审组成员、教育部经济学类专业教学指导委员会委员等。长期致力于劳动经济学、教育经济学、发展经济学等领域的教学和研究，并取得了丰硕的成果，在《经济研究》《教育研究》《*Chinese Education and Society*》等国内外刊物发表论文 100 多篇。

提高到一定水平后，劳动者对闲暇的偏好就会变强，这时，只有面对极强的激励时，才会愿意增加工作时间。工作时间长是大部分国家在经济快速发展过程中的特征之一，几乎每个国家在从贫穷到富有的发展史中都出现过劳动者工作时间过长、挤占闲暇活动的现象。这一特征尤其是在第一次工业革命时期最为明显——工作时间往往与“剥削”“反抗”等关键词相联系，在当时已经跨入资本主义阶段的国家中，超负荷工作、透支劳动是劳动者的真实写照。而工作时间的大幅减少现象则主要出现在第二次工业革命爆发以后。从19世纪70年代到20世纪90年代，英国、美国、法国、德国的人均年工作时间下降幅度均超过了40%。其中，工业革命爆发地英国的人均年工作时间从2886小时下降到1490小时，下降幅度将近50%；第二次工业革命的主要根据地美国和德国的人均年工作时间分别从2964小时和2941小时下降到1589小时和1563小时，下降幅度均超过了45%。

导致工作时间缩短的因素主要有三点：第一，技术进步和劳动生产率的提高，使得积累同样的财富只需要更少的劳动时间，这便使工作时间缩短成为可能。第二，工作时间的缩短受到了社会、政治、法律、文化因素的影响。八小时工作制，以及周末公休、防暑假等闲暇时间的增加都不仅是经济增长的自然产物，而是长期以来的理论争辩、生产工人与政治层谈判以及文化进步的结果。第三，在技术进步加速和对高技能劳动者需求增加后，雇主最初希望这些劳动者长时间守在生产线上创造价值，但是他们发现这种做法扼杀了劳动者的工作积极性和创造性。在以上这三点因素中，第一点是工时缩短的必要条件，第二点和第三点则推动了工时缩短的进程。当然，在这一过程中，社会财富的积累对收入效应潜移默化地发生着影响：社会财富积累意味着劳动者收入增加，由于收入效应的作用，劳动者需要更多的闲暇，最终表现为工作时间的减少。

对中国这样一个高速发展的经济体而言，随着人均收入水平的提高，时间的经济价值不断提升。但是，劳动者还普遍存在过度劳动的问题，加班现象严重，这也许是“中国奇迹”的密码之一，但也带来了诸多问题，不可持续。因此，展现当前我国劳动者工作时间的特征，探寻其中的变化规律，为实现对过度劳动的有效治理出谋划策，是一项非常有意义的工作，也是一项很紧迫的工作。

二、中国劳动者工作时间八大特征

与国际经验一致，改革开放30多年来我国劳动者的工作时间也呈现不断缩短的趋势。尤其是20世纪90年代以来，一些企业率先开始了缩减工作时间的实践行动，随后，在政府的主导下，我国经历了几次全国性的工时调整。其中，1993—1995年年初是“五天工作制”的试行阶段。当时实行“隔周五天工作制”或者“五天半工作制”，即在原先每周休息一个星期天的基础上每2周再休息一个星期六——俗称“大礼拜”（每周休息两天）和“小礼拜”（每周休息一天），也有部分单位采取每周工作五天半、休息一天半的方式。但该措施只是作为《中华人民共和国劳动法》有关工时规定的试验和过渡。1995年3月25日，时任国务院总理李鹏签署国务院第174号令，发布《国务院关于修改〈国务院关于职工工作时间的规定〉的决定》。决定自1995年5月1日起，实行5天工作制，即职工每日工作8小时，每周工作40小时。

虽然工时缩短是一个大趋势，但是要想准确把握我国劳动者的工作时间特征及分群体差异，同时，如果在工作时间之外，还想了解劳动者在工作、家务劳动及其他有酬无酬劳动时间方面的配置情况，还需要大量宏微观的经验数据做支撑。国家统计局出版的《人口和就业统计年鉴》《劳动统计年鉴》等统计了非农就业人口、城镇就业人口等群体的工作时间，但是没有公布通勤、无酬劳动等数据。2008年，国家统计局进行了国民时间利用情况的调查，之后再没看到相关出版物发行。1990年、2000年和2010年，中国妇女联合会和国家统计局联合进行了相关的微观调查，总样本量超过3万。

基于上述统计数据和微观调查数据，利用描述性统计方法，我们发现当前我国劳动者工作时间呈现八大特征。

（一）虽然工时制度逐步与世界接轨，但加班现象仍然严重

基于国家统计局数据，我们按照标准工时（40 小时）、最高工时限制（44 小时）以及最高工时限制（49 小时）三个衡量指标进行的分析表明，我国非农就业人员的周工时超出了法定“44 小时”界限。2003—2012 年，加班现象严重，但尚未达到 49 小时的违法上界。从平均水平上来看，非农就业人员平均周工作时间为 46.0 小时。另外，周工作时间在不同年份略有波动，高峰值出现在 2005 年，达到了 47.8 小时，低谷值出现在 2008 年，为 44.6 小时。为了更好地说明我国非农就业人员加班严重问题，我们也分性别、年龄对周工时进行了描述性统计分析。首先，分性别来看，2003—2012 年各年度，男性和女性就业人员的周工时均大于 43 小时，且男性的周工时比女性长。除 2008 年、2009 年以外，男性和女性的周工时均长于“44 小时”标准，存在严重加班现象。其次，分年龄段来看，虽然各个年龄段工作时间长短有一定差异，但是除 55 ~ 59 岁就业人口之外，其他所有年龄段未退休人群（按女性 50 岁、男性 55 岁计算）的平均周工时均超过了 44 小时，这意味着大部分在法定工作年龄内的劳动者都接受或者被迫接受着加班的“残酷”现实。

（二）“长工时低收入”与“短工时高收入”并存

分行业来看，大多数行业每周加班在 4 小时左右。其中，九成行业周工时超过 40 小时，过半数行业每周要加班 4 小时以上。住宿和餐饮业劳动者加班最多；农、林、牧、渔业劳动者周工时最短，为 38.2 小时，公共管理和社会组织，教育，金融，电力、热力、燃气及水生产和供应，国际组织，科学研究和技术服务业，水利、环境和公共设施管理业就业人员平均周工作时间较短，但是按照“40 小时”周工时标准，这 5 个行业也存在

加班现象，大约周加班时间在2.5小时左右。而且，不同行业周工时差异大。工时数排名第一的住宿和餐饮业的劳动者比排名最后的农、林、牧、渔业劳动者平均每周多加班13.2个小时，比公共管理、社会保障和社会组织平均每周多加班9.6小时。

分职业类型来看：第一，商业、服务业人员周工时最长。商业、服务业人员的平均周工作时间为49.6小时，在所有职业类型中最长。另外，生产、运输设备操作人员以及单位负责人的平均周工时也较高，分别为48.8小时和48.2小时；第二，农、林、牧、渔、水利业生产人员周工时最短且下降趋势明显。农、林、牧、渔、水利业生产人员的平均周工作时间为38.2小时，为所有职业类型中最短。事实上，农、林、牧、渔、水利业是唯一的周工时呈现缩短趋势的职业类型，其生产人员的平均周工作时间从2003年的44.2小时下降到2011年的38.2小时；第三，大多数职业的就业人员周工时波动不大。2003—2012年，大多数行业的周工时变化幅度不大，年平均变化绝对量均在3小时之内。不过商业、服务业人员，生产、运输设备操作人员及有关人员的工作时间对经济环境的反映敏感度强，而单位负责人员，专业技术人员，办事人员和有关人员的人均周工作时间受经济波动影响不明显，其各年波动量仅在0.5～1.5小时之间。

对不同行业工资和工时进行排序可以发现，在几个“工资高、工时短”的行业中，名次差距超过10个位次的行业为金融业，科学研究、技术服务和地质勘查业，电力、燃气及水的生产和供应业。这其中，金融业首屈一指，其就业人员的年平均工资接近9万元，为各行业之首，但其周工时仅为41.9小时。这意味着金融业的员工享有行业间最高工资，却只需付出很短时间的劳动投入。与金融行业形成鲜明对比的是住宿和餐饮业，该行业就业人员的年平均工资约3万元，但是他们的周工作时间达到51.9小时。

（三）过度劳动伴随工时闲置

总体来看，第一，我国劳动者的平均闲置工时近些年呈现增加趋势；

第二，2003—2012年，我国城镇劳动者的闲置工时呈现先增加后减少，近些年又有整体增加的趋势；第三，从城镇劳动者工作时间构成情况来看，周工作时间在40小时以下的就业人员占比约在10%左右，受经济周期的影响，不同年份出现短期波动，但整体变化不大。而不同行业过度劳动程度和闲置工时特征差异显著：农、林、牧、渔业是城镇就业人员闲置工时最多的行业；居民服务、修理和其他服务业闲置工时较多，且同时存在严重的过度劳动问题；与居民服务、修理和其他服务业类似，建筑业同时存在过度劳动和闲置工时多的特征；制造业、批发零售业过度劳动问题严重，几乎不存在工时闲置情况；科学研究和技术服务业、采矿业闲置工时很少，尤以科学研究和技术服务业为甚。

（四）男性“长工时”与女性“第二轮班”并存

对不同年龄段、不同行业、不同职业类型、不同学历的男性和女性的工时差异特征进行分析发现，大部分分类人群都存在男性工时高于女性的特征，只是绝对差距不同，这一结果与家庭经济学的理论预期一致。然而进一步分析后我们却发现一个矛盾现象：虽然从总体上看，男性和女性的家务劳动时间都在减少，但是女性的分担比率却在增加。“男主内、女主外”的传统家庭时间配置模式正在悄然发生着变化，这种变化似乎与理论相悖。但事实上，它却反映出转型时期落后传统观念与不可改变的性别分工发展趋势之间的矛盾碰撞引发的家庭分工的矛盾。于是，中国出现了“第二轮班”（The Second Shift）现象：尽管妻子的经济地位日渐提升，丈夫所承担的家务并没有增多，而妻子除了在办公室进行“第一轮班”的工作外，还要在家里进行“第二轮班”的工作。

（五）城乡劳动者工作时间差异大

本报告区分休息日、工作日、性别对城乡所有就业人员的工时特征进行分析，发现差异显著。第一，农村就业人员就业时间更长。从总体平均水平上来看，城市和农村就业人员平均每天工作时间分别为378分钟和410分钟，约合6.3小时和6.8小时，后者比前者平均每天多工作半小时，平均一周多工作约3.5小时。这种差异在工作日不明显，城市就业人员在工作日的工作时间比农村就业人员少16分钟，但是在休息日，差异扩大至62分钟。这表明，同样通过受雇于他人获得劳动报酬的农村劳动者比城市劳动者的工作时间更长。第二，农村男性就业人员比城市男性就业人员工作时间更长。从总体平均水平上来看，城市和农村的男性就业人员平均每天的工作时间分别为390分钟和450分钟，约合6.5小时和7.5小时，二者相差1个小时，这意味着“城里男人”比“农村男人”每周少工作7小时，显然，“城里男人”更轻松。分工作日和休息日来看，在工作日，农村男性就业人员比城市男性就业人员平均每天多工作43分钟，而在休息日，这一差距扩大至91分钟。可以说，“城里男人更轻松”具体体现在休息日上，这也在一定程度上保证了城市男人更顾家的可能性。第三，城市女性就业人员“忙在工作日，闲在休息日”。对城乡女性的工作时间进行对比发现，从总体上看，城市和农村女性就业人员的工作时间几乎无差异。具体的，城市和农村女性就业人员平均每天的工作时间分别为364分钟和366分钟，约合6小时。但是对比工作日和休息日，二者差异明显。在工作日，城市和农村女性就业人员平均每天的工作时间分别为389分钟和375分钟，前者比后者平均每天多工作14分钟；在休息日，城市和农村女性就业人员平均每天的工作时间分别为311分钟和345分钟，前者比后者平均每天少工作34分钟。显然，“城市女人”在工作日并不轻松，但在休息日比“农村女人”轻松很多。

（六）特大城市劳动者上下班时间长

在所调查的典型城市中，上下班时间较长的城市是北京、广州、上海和深圳等几个特大城市，其日平均通勤时间都接近或者超过一个半小时。其中，北京通勤时间最长，达到97分钟。如果说这些城市的劳动者每天平均狭义工作时间是 8 小时，那么其广义工作时间就达到了 9 个半小时，“舟车劳顿”已经成为大城市人群每天都要经历的事情。另外，规模稍小的直辖市和省会城市通勤时间也较长，天津、南京、沈阳、重庆、太原等城市就业者每天的通勤时间均超过了 65 分钟。为了判断交通拥堵问题对城市通勤时间的影响，本报告专门就非上班高峰时段，搭乘相同的交通工具，从居住地到工作地的时间，然后用通勤时间与该时间做差得到“堵车时间”。也就是说这里的“堵车时间”不是拥堵在路上不能行进的时间，是指由于交通拥挤造成的通勤延长。进一步的研究结果证实，虽然不同城市在上班高峰时段或多或少都存在拥堵现象，造成通勤时间延长，但是北京、广州、上海和深圳的拥堵现象最为严重，特大城市的交通阻塞严重影响通勤时间。

（七）雇主比雇员工作时间长

从总体来看，不同就业身份人员工作时间差异较大。根据统计局的分组数据分析发现：所有城镇从业人员平均周工作时间约为 44 小时，雇员工作时间与平均值相同。雇主工作时间最长，超过了 47 小时；其次为家庭帮工，达到 45 小时；自营劳动者（自雇者）周工作时间最短，为 42 小时。从该数据中不难发现，就平均劳动时间来看，雇主的平均周工作时间要长于一般雇员。从工作时间构成来看，在雇员、雇主、自营劳动者、家庭帮工几个就业身份中，55. 5% 的雇主平均每周工作时间在 48 小时以上，成为“最辛苦群体”。如果按照法定标准工时（周工作时间为 40 小时）进行衡量，70% 的雇主都会加班。与之形成鲜明对比的是雇员的工作时间构成，47. 1% 的雇员平均每周工作时间为 40 小时，而工作时间在 41 ~ 48 小时或 48 小时以上的雇员分别占 20. 7% 和 27. 4% 。另外，有 40. 9% 的自营劳动者平均每周的工作时间在 48 小时以上。这表明，虽然用算术平均值计算的自营劳动者平均周工作时间只有 42 小时，但是从结构比例来看，工作时间超过法定最长工作时间（44 小时）的自营劳动者也不在少数。可见，无论是雇佣他人协助自己，还是自己雇佣自己进行生产或者提供服务，雇主都投入了比雇员更多的劳动时间。

（八）中国人假期时间远低于世界平均水平

分国家来看，在中国，最短带薪年假为5天，且需要工作满1年以上，该数据不仅低于世界平均水平，而且低于亚太国家平均水平。工龄在20年及以上的劳动者的法定年假才能达到20天，比发达经济体的平均水平还要低。与中国情况类似的还有尼日利亚、菲律宾、玻利维亚等少数几个低收入国家，其余国家劳动者的最低带薪年假均在10天以上。尽管中国人的带薪年假天数远低于世界平均水平，但是法定公共假期天数和大部分国家类似，只不过在休假方式上略有差异。另外，“带病工作，不休病假”已经成为一种“气候”。分群体来看，科技工作者、行政工作者、教师等群体少休或不休病假的现象最为普遍。

三、适当缩短劳动时间的积极影响

从上述我国劳动者工作时间方面呈现的八大特征来看，在当前阶段，加班和过度劳动问题依然比较严重，大多数劳动者还不可能把工作视为一种享受，劳动者的工作时间还没有表现为一种“体面工作时间”，如果不对这一问题进行治理，势必影响经济社会的可持续发展进程。同时，按照国家发改委的估计，在2020年“十三五”规划结束时，我国将接近甚至进入高收入国家的行列。我们认为，在迈向高收入国家进程中，必须进一步缩短工作时间，这是因为，缩短工作时间除了会有利于劳动者的身心健康和促进劳动生产率的提升之外，还有如下几个方面的价值。

（一）促进就业数量的扩大和就业质量的提高

减少工作时间有利于就业数量的扩大，延长工作时间会造成就业机会被挤占从而导致失业率上升，这一规律早已被国际经验所证明。对于中国的经验研究也表明，过度劳动造成了很多就业机会被挤占，从而造成一些具有劳动能力的人失业。就业者工作时间的不断延长和劳动法治的失效是导致20世纪90年代以后中国经济就业弹性持续下降的主要因素之一。今后很长一段时期内，解决数量巨大的劳动力的就业问题，仍然是我国就业领域的一个重要任务。从这个角度说，减少工作时间会有利于就业规模的扩大。

另外，过长的工作时间还会破坏和谐劳动关系，导致劳资冲突，不利于就业质量的提高。历史上，因为工作时间问题引发劳资冲突的案例并不罕见。以英国为例，劳资冲突始终围绕着工时、工资两个基本核心问题展开，从最初的请愿式的协商到后期武力式的斗争，劳动冲突不断加剧。从频率来看，1741～1760年，劳资冲突为57起，1761～1780年猛增到113起，20年间翻了一番以上。在1761～1780年113起劳资冲突中，涉及劳动时间、加班工资问题的有80起，占劳资冲突的70.8%，涉及就业条件问题的有18起，涉及其他问题的有15起。可见，在诸多影响就业质量的问题中，工作时间问题已经成为最重要的问题之一。同理，在迈向高收入国家进程中，如果不进一步缩短工作时间，势必会影响我国劳动者就业质量的提高。

（二）有利于加快实现从中国制造向中国创造的转变

长期以来，中国的企业尤其是制造业中的加工贸易企业，在很大程度上通过工人的过度劳动实现了企业盈利的增加，也推动中国成为了制造大国，但是，这也使得中国的很多企业产生了“加班依赖”症。这种发展模式注定是无法持续的。随着劳动力成本上升，劳动力供给减少，“加班依赖”无法维持。在劳动力市场供大于求的情况下，劳方处于弱势，企业要求工人加班、少付加班费是可能实现的，但是当一国人口结构发生变化，适龄劳动人口减少，劳动力市场供给量下降，或是其他原因导致的劳动力成本上升时，企业继续要求工人低价、长时间加班就会面临困境，然而长期以来的“加班惯性”会影响企业劳动力投入的再选择与再配置，从而导致企业效率下降，成本增加。发生在中国的“民工荒”在一定程度上就体现了企业的“加班依赖”。长期以来，企业理所当然地享受着劳动力供给充足、人工费低的好处，肆无忌惮地要求工人低工资加班。当人工费上涨时，这种“加班惯性”导致他们的招工策略依然维持在“低工资、长工时”的标准，最终“民工荒”问题出现。

从企业层面来看，虽然非熟练工可以通过反复的、高强度的训练变成熟练工，但这只是人力资本的“外延性增加”，只能带来有限产量的增加。一个企业跨越式的发展是需要创新做基础的，而创新需要人力资本的“内涵性”提升，这种提升主要源于知识储备的增加。所以给劳动者，特别是知识型劳动者足够的自由时间，有利于他们为创新储备知识，促进企业的良性发展。另外，“加班依赖”不仅提高了技术冲击造成的风险成本，而且不利于企业创新。因为靠增加工时、提高产量发展的企业大多生产科技含量低、价格弹性小、利润率低的产品，而生产科技含量高、有创新性的产品的企业最优的生产策略是维持适当产量水平，提高价格。长期默许这些企业加班意味着生产模式的故步自封，不利于创新，也不利于尽早实现由中国制造向中国创造的转变。

（三）激励劳动者进行人力资本再投资

按照卢卡斯的观点，个体的全部时间可分为三个部分：一是工作时间；二是闲暇时间，包括睡眠、家庭活动等维持生存的必要型休闲时间和旅游、文化、体育等享受生活型休闲时间；三是受教育时间，这部分时间主要用来形成人力资本。如果我们认可这一时间分类标准，那么从逻辑上很容易推出以下命题：过度劳动会导致人力资本再投资受阻，而缩短工时则能激励劳动者进行人力资本再投资。如果一个劳动者把大部分时间用在重复性的生产工序上，会产生一系列连锁反应。

一方面，劳动者没有时间进行人力资本再投资，影响企业超额利润的扩增。如果劳动者长时间工作，没有时间进行人力资本再投资，这意味着劳动产出只能维持在某一固定的水平，企业只能从绝对劳动时间的增加中获取有限利润，不会从人力资本存量的增加中得到超额利润。另一方面，劳动者不进行人力资本再投资会增加对岗位的依赖性，进而增加技术变化的风险成本。如果劳动者自身没有时间进行学习培训，只依附于某一固定的生产岗位。一旦技术进步导致企业原有生产方式发生变化，他们可能没有足够的配置能力适应这种变化，从而影响生产进度和产出水平，企业只能辞退该员工导致劳动者福利下降。

因此，在迈向高收入国家进程中，必须进一步缩短工时，这一方面会有利于闲暇时间的增加；另一方面还会使得劳动者有更大的空间实现人力资本再投资决策，从而为技能偏向型技术进步的推进创造更有利的条件。

（四）闲暇时间的增加会潜在地促进创新的发生

过度劳动不利于创新。创新成果的产生需要人的全面发展，而人的全面发展绝对不是靠重复性的、过度的劳动，而是在可以自由支配的时间内完成的。如果工作时间的缩短意味着可以自由支配的闲暇时间的增加，则会潜在地促进创新的发生。具体而言，闲暇之于创新的作用体现在闲暇的三种效应上。

第一，闲暇具有“闲而优”效应。健康而积极的休闲活动有利于形成人力资本中精神、意志方面的禀赋，从而使个体高度投入、感到自足、忘记时间流逝、被激发出创造性、探索感和冒险精神，可以提高个体的效率，增进其人力资本。第二，闲暇具有“闲中学”（learning by leisure）效应。在休闲体验中，最有可能产生有意义的学习。休闲中学习的潜力是最大的。所有的个体都这样，则会提高全民素质和整个社会的创新能力，而创新通过外部性改进全社会的技术水平。第三，闲暇具有“配置改进”效应。闲暇时间既是消费要素也是生产要素，这取决于个体所处的闲暇状态。作为生产要素的闲暇时间展现出配置改进效应：闲暇中的生产性活动类似于工作中的生产性活动，对产出有正向作用，于是，闲暇时间中高效的生产性活动通过改变要素投入结构（主要是时间的投入结构），便可以形成对产出的帕累托改进。我国要想跨越中等收入陷阱，进入高收入国家行列，走创新之路是必需的选择。从这一意义上说，缩短工时，从而实现闲暇时间的增加就有重要的价值。

四、实现体面劳动时间的政策建议

目前，《劳动法》已经对劳动时间、加班时间、加班补偿、休假、年假、特殊群体假期进行了规定。一些辅助性政策已经出台或正在制定，以促进现有法律、法规的有效推进，如国务院印发的《关于促进旅游业改革发展的若干意见》明确提出，在教学时间总量不变的情况下，高等学校可结合实际调整寒、暑假时间，中小学可按有关规定安排放春、秋、假，为职工落实带薪年休假创造条件。但是，目前的问题在于，法律、法规政策与现实情况之间依然存在矛盾，过度加班问题依然存在。我们认为，为治理过度劳动、实现体面工作时间，应考虑进行如下的一些政策选择。

（一）经济发展方式转变是缓解过度劳动的关键

第一，给经济发展方式转变创造良好市场环境。如果说当前经济发展阶段内，劳动者对劳动的偏好大于闲暇是收入递增阶段的规律现象，那么因为制度因素导致的工作时间过长问题则有必要人为干预。当制度性垄断企业利润降低、城乡就业人群收入差异缩小、劳动者能够在不同劳动力市场自由流动之时，闲置工时得以迅速填补，延长工时得以适时补偿，工作时间方面的不合理差异就会随之减小。第二，为转变经济发展方式储备优质人力资本，在继续推进人才激励、人才引进计划的同时，还要考虑人才引进后对当前工作强度的适应性。高收入、好的科研环境都属于“硬件”，方便人才自由选择工作时间，体现他们对时间的支配力、有充足的时间平衡工作和生活，则是吸引优质人才的“软件”。所以，在提供充足物质保障的同时，还要给他们更多自由时间。创新火花往往不是在持续的、高强度的工作中产生的，而是在咖啡厅、茶馆这些休闲场里进行“闲聊”中迸发出来的。第三，增加对一般工人的培训时间，实现收入增长、技能水平和产业升级的同步化。随着知识经济的到来，迅速兴起的第二、第三产业需要大量的具备一定知识或技能的劳动者，同时，人力资本的折旧与贬值正在加速，由低增值性的人力资本转变为高增值性的人力资本尤显重要。为此，应适当减少劳动者消耗在低端、重复性生产劳动上的时间，增加他们的培训时间。

（二）制度设计是缓解过度劳动的基础

第一，从安全与健康以及促进生产力提升的角度考虑，可以继续维持原有的标准工作时间设计，即“40 小时”标准。治理过度劳动问题的根本是治理加班问题。从经济方面考虑，尽管有些国家规定的标准周工时低于 40 小时，如法国实行每周 35 小时工作制，但是就中国而言，在经济转型尚未结束、小康社会尚未建成、老龄化社会已经到来、覆盖全民的社保机制还未健全、居民收入尚待提升的情况下，设置更短的标准工时可能会损害资方和劳方共同的利益。所以，现行的“40 小时”标准没有必要再进行改动。第二，增加延长工时补偿制度。第三，带薪年假制度和过度劳动预防制度的规范化和合理化设计。要适当增加法定带薪年假天数。增加年假天数不仅可以让在岗者得到适当休息，而且可以在一定程度上解决中国劳动力价格上涨、部分外资企业外迁带来的劳动者无业可就的局面，避免工作时间过长对就业产生的挤出影响。第四，建立合理适用的过度劳动认定制度和过度劳动病假制度对保障劳动者生命权和健康权尤为重要。

（三）适当的差异化设计是缓解过度劳动的手段

第一，要进行工作周与日历周工时制度的调整。本报告的研究发现，很多劳动者需要在休息日工作，所以建立合理的工作周与日历周工时制度有其必要性。第二，建立流动性、季节性工人保护措施和激励措施。第三，实现“弹性工作组织”“工作分担”“家庭办公”等制度的规范化。实施上述制度的用人单位每隔一定的时期都要向有关部门或者工会报告职工个人工作记录和企业记录，对于劳、资两方记录差异较大的事件，有关部门或者工会应该给予核查和监督，并对监督结果进行公示。第四，建立针对青年就业者、女性就业者的交通补偿机制。第五，在部分企业可以试行“年假买卖”政策，以满足当前部分劳动者不希望休年假、只希望工作的需要。不同性别、不同年龄、不同职级、不同工种的员工对休假的偏好不同，一个统一的休假规定并不是使得所有人效用最大化的选择，在不影响企业整体效益的情况下，允许工人自由买卖假期是一种帕累托改进的方法。

（四）基于新技术建立的工时协商机制是缓解过度劳动的途径

在法律制定的过程中，我国政府已经开始重视工会在维护工时制度方面的作用，不过仅仅依靠法律的强制约束力规定工会的基本职责，似乎尚难以形成完备的工时协商机制。因为建立良性的工时协商机制需要政府、工会、企业三方共同协作才能完成。为此，应该加强工会的网络信息化平台建设。要建立工会主导的，政府、企业、劳动者三方可视化、透明化的工时记录平台，让劳动者工作时间“晒出来”；要将上述平台与医疗系统关联，以方便医疗单位对过度劳动进行认定，判断企业是否需要给予劳动者过度劳动病假补偿；还应借助信息技术整合信息资源，使那些拥有大量闲置劳动时间的临时性、季节性劳动者能够迅速搜寻到所需要的工作信息，解决部分劳动者收入低、闲置时间多、想工作的难题。

（五）政府宏观协助是缓解过度劳动的保障

政策设计是政府的主要工作，其他事宜交由工会、企业和劳动者即可。一方面，中国作为国际劳动组织的创始成员国、常任理事国，在积极参与国际劳工组织活动、与劳工组织密切合作、在国际事务上发声的同时，更需要主动吸取其他国家有效的工时组织制度，去粗取精，为我所用。另一方面，从国内情况出发，政府还要充分做好外围政策设计，保障劳动者和企业权益。第一，要完善社会保障制度。在养老保险方面，不仅要完成扩大覆盖面的短期目标，还要提升保险质量。通过多种途径保障养老金的可持续性、安全性和透明性，健全多层次的养老保险体系，特别关注困难职工群体、失地农民、非正规就业者的养老保险体系建设。医疗保险方面，既要继续完善城市医疗保险制度、提升农村合作医疗水平，真正解决“看病贵”问题，又要建立起医疗保险与职业病防治，特别是过度劳动防治的对接体系，保证劳动者的健康权。第二，要建立城乡一体化的户籍制度，让更多的流动人口享受城市待遇，这会在很大程度上缓解底层劳动者的过度劳动问题。第三，加强文化建设，建立合理有效的休闲设施。总而言之，一个良好的工时制度背后，需要有各个部门的通力配合，在不违背市场基本运行规律的前提下，组合运用各种手段。

（本文曾发表于《中国劳动》2015 年 02 期）

改革开放以来我国基本经济制度的变迁对工人阶级的影响

孙宗伟*

改革开放以来，我国的基本经济制度及其实现形式发生了重大变化，由原来的“一大二公三纯”的所有制结构以及高度集中的所有制实现形式转变为了以公有制为主体、多种经济成分并存的所有制结构，混合所有制经济成为基本经济制度的重要实现形式。基本经济制度重要变迁对当代工人阶级产生了重要而又深远的影响。本文主要分析改革开放以来，我国基本经济制度的调整与实现形式的变化对当代工人阶级队伍分布以及地位变化所产生的影响。

首先需要对工人阶级的概念作出说明。第一，本文所说的工人阶级，主要指“在社会化大生产的公有制与非公有制企业中从事生产活动，并主要以工资形式获得劳动报酬的劳动者阶级阶层”。第二，随着改革开放以来基本经济制度的变化，原来意义上的工人阶级内部发生了阶层分化，形成了高级管理者阶层（高层经营管理者和专业人员）、专业技术人员阶层（专业技术人员和中层管理者）以及从事具体生产的普通工人阶层（包括

---

* 孙宗伟，北京大学法学博士，中国人民大学马克思主义学院教师，研究方向为《资本论》与当代社会主义、劳动价值理论研究、向社会主义过渡问题研究等。出版专著《物化劳动与价值创造——当代学者关于马克思劳动价值论争论研究》，在核心期刊发表论文多篇。参与国家社科基金重大项目《马克思主义若干重大问题研究》《社会主义初级阶段基本经济制度研究》等，主持中国人民大学青年独立项目《劳动价值理论与当代社会主义》。

下岗职工和农民工在内）等，其中后两者构成了工人阶级中的绝大部分。由于高级管理者阶层，无论从其在生产过程中的地位、收入来源及其形式、阶级意识等方面，与工人阶级中的大多数有很大差别，因此，本文中的工人阶级不包含这部分阶层，对于其阶级阶层属性，会另文作出论述。第三，在本文援引的统计部门的相关数据中，“就业人口”或者“职工”的概念，不仅包括了本文所说的工人阶级，还包括了另一部分：即非公有制经济中的投资者（也就是私营、个体企业主）以及国家行政机构、事业单位中的普通职员和从事管理活动的人员等。由于本文侧重从基本经济制度变化角度分析工人阶级分布与现状，后一部分不包含在本文分析范畴之内，因此，文中以统计部门中的“就业人口”或者“职工”的相关数据对工人阶级所做的分析，严格来说不那么准确，但是，由于本文所说的工人阶级在整个“从业人员”或者“职工”中占了绝大多数，而后一部分所占比例极小，因此，对分析结果影响不大。

一、基本经济制度及其实现形式的重大变化

纵观改革开放以来基本经济制度的变迁历程，具有以下几个非常突出的特点。

第一，公有制经济的内部结构及其在国民经济中的地位都发生了重大变化。首先，从公有制内部结构看，由于集体经济大都通过改制转变为了非公有制经济，集体经济在整个公有制经济乃至于国民经济中所占比重微乎其微。因此，当前的公有制经济主要体现为国有经济或由国有经济控股的混合所有制经济。其次，公有制经济在国民经济中的地位发生了变化。改革开放前，公有制经济几乎布满了国民经济的各个行业和领域，并且处于绝对的优势地位。经过30多年的改革，公有制经济的主体——国有经济，按照“抓大放小”“有进有退”“有所为有所不为”“着眼于从整体上搞好国有经济”等战略布局的要求进行了大幅改革与调整，整体素质效益大大提高，总量大

幅增加，但是在整个国民经济中所占比重发生了较大变化。按照十五大提出的公有制经济的主体地位表现为公有资产在总资产中占优势地位、国有经济控制国民经济命脉起主导作用这两个方面看，根据国内一些学者的测算，公有资产在社会总资产中占绝对优势地位已不复存在；国有经济在关系国家安全和国民经济命脉的重要行业和关键领域，即军工、电网电力、石油石化、电信、煤炭、民航、航运等行业保持绝对的控制力；在大部分竞争性领域和行业中，国有经济不再具有绝对控制地位。

第二，改革开放以来我国所有制结构调整过程中另一个非常引人注目的现象，就是非公有制经济的迅猛发展。从所有制性质角度看，非公有制经济包括个体经济、私营经济和外资经济、港澳台经济。改革开放以前，由于私营经济几乎被全部消灭，只存在少量的个体经济，因此，非公有制经济可以忽略不计。改革开放以来，非公有制经济在所有制结构调整过程中，从允许存在和发展，到“作为公有制经济必要的和有益的补充”，非公有制经济获得了飞速发展，成为了“社会主义市场经济的重要组成部分”，在市场经济中与公有制经济“平等竞争、相互共存”。目前，非公有制经济不但总量大幅增加，在国民经济中所占地位也发生了重要变化。首先，从注册资本、总产值等指标看，非公有制经济已经全面超越公有制经济。在非公有制经济中，私营经济发展尤其迅猛，已经成为非公有制经济中的主体。其次，非公有制经济在国民经济中的地位也发生了重要变化。据统计，在关系国民经济发展的一些重要部门，如黑色金属矿采选业、有色金属矿采选业、钢铁工业、化学工业、化纤工业、通用设备制造业、专用设备制造业、电器设备制造业、医药工业、印刷工业、通信设备和计算机制造业，私营经济和内外资经济已经占据主要地位。不仅如此，私营和内外资经济也正在向关系国民经济命脉的垄断部门进军，和国有经济平等竞争。总之，当前非公有制经济成为社会主义市场经济不可或缺的重要组成部分，在国民经济中扮演着举足轻重的角色。

第三，基本经济制度的实现形式发生了重大变化。一方面，由于所有制实现形式的多样化，在社会主义市场经济条件下，原生态意义上的、纯粹的、性质单一的所有制经济成分，在整个所有制结构中所占的比重越来越少；另一方面，由于投资主体的多元化、企业组织形式的多样化，由性质不同的所有制经济成分相互渗透、融合而形成的混合所有制经济，在所有制结构中所占的比重会越来越大。十八届三中全会提出，“由国有资本、集体资本、非公资本相互融合、交叉持股的混合所有制经济”成为基本经济制度的重要实现形式。混合所有制经济，从其组织形式来看，包括股份公司、跨所有制组成的企业和企业集团、中外合资企业和中外合作经营的企业，等等，其中又以股份公司最为普遍。目前国有企业大部分实现了股份制改造。不仅如此，股份制也成为非公有制经济尤其是私营经济主要的企业组织形式。随着股份制企业组织形式的普遍化，在股份制企业中的就业人数也占到了整个就业队伍的绝大多数。与此相适应，股份制企业的制度特征对于我国工人阶级无疑会产生重要影响。

二、基本经济制度的变化对工人阶级的影响

改革开放以来，基本经济制度的变迁，尤其是公有制经济与非公有制经济在国民经济中所占比重的变化，使得工人阶级在不同所有制经济中的分布也发生了重大变化。

据统计，1978 年，由于私营经济基本被消灭，私营经济中就业人数几乎为零；个体经济也大量减少，全国从事个体工商业的人数大约只有 15 万人。因此，改革开放前的工人阶级主要分布在国有企业和集体企业。经过 30 多年的改革，与所有制结构战略调整相适应，工人阶级在不同性质的所有制企业中的分布发生了变化，在公有制经济中就业的职工人数大幅下降，非公有制经济中就业人数迅猛增加，并远远超过公有制经济。根据我们的测算，2007 年，非公有制企业从业人数占到整个年度从业人数的 81.6%，公有制企业从业人数只占到 18.3%。在工人阶级比较集中的工业

企业，这一特征尤其明显。从第二次全国经济普查结果看，到2008年年末，全国共有工业企业法人单位190.3万个，从业人员11 738.3万人。在工业企业法人单位从业人员中，国有企业及国有独资公司占9.2%，集体企业占2.9%，私营企业占44.4%，港、澳、台商投资企业占10.7%，外商投资企业占11.7%，其余类型企业占21.1%。也就是说，在工业企业中，私企就业人员占到整个工业企业就业人员的近一半，在国企和集体企业就业的人员只占整个工业企业就业人数的一成左右。

下图是我们根据相关统计数据，对2007年公有制企业和非公有制企业从业人员数量的测算得到的一个大致结果。

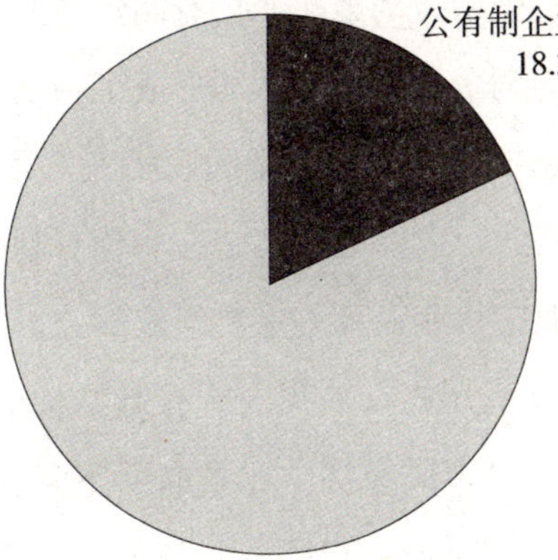

公有制经济的调整与改革，非公有制经济的迅猛发展是造成公有制经济中就业人数大幅下降，非公有制经济中就业人数大幅增加的主要因素。第一，在20世纪90年代中期之前，集体经济在公有制经济乃至于整个国民经济中占有十分重要的地位，因而也吸纳了大量就业人员；20世纪90年代中期以后，随着绝大部分集体经济改制为非公有制经济，公有制经济中的就业人数也随之大幅下降。与此相适应，非公有制经济中就业人数大幅增加。第二，20世纪90年代中期以后，伴随国有经济布局的战略调整、国有企业“减员增效”、股份制改造等改革，产生了大量失业下岗人员，这是造成国有经济就业人员大幅下降的主要原因之一。据统计，在国企改制力度比较大的1998年至2000年3年期间，国有企业下岗职工累计达到2100万人，国有企业职工人数大约由7000万减少到约5000万人。另据统计，在工人阶级比较集中的工业企业中，国有以及国有控股工业企业的从业人员由1998年的3747.78万人下降到2011年的1811.98万人。从另一方面看，国企大量下岗人员又为非公有制经济快速发展提供了大量劳动力，这也是非公有制经济就业人员大幅增加的重要原因。据全国工商联统计，1992年到2002年，个体、私营企业年均净增约600万个工作岗位，提供的就业岗位占全社会新增就业岗位的3/4。据原劳动和社会保障部2002年年底对全国66个城市劳动力就业状况调查显示，国有企业下岗失业人员中有65.2%在个体、私营企业中实现了再就业。此外，农村家庭联产承包责任制改革，使得农村生产力得到提高，产生了大量剩余劳动力。非公有制经济的迅速发展，吸纳了绝大部分从农村转移出来的剩余劳动力，从而形成了一支具有中国特色的工人阶级队伍——农民工。据统计，2008年全国农民工人数达到2.3亿人，其中93.6%的农民工在企业就业，大部分又集中在非公有制企业。因此，农民工是当前我国非公有制企业中从业人员的重要组成部分。①

总体看来，改革开放以来我国所有制结构的调整过程中，与公有制经济尤其是国有经济在国民经济中比重有所下降相适应，公有制经济中的从业人员大幅减少；与非公有制经济尤其是私营经济的迅猛发展相适应，非公有制经济中的从业人员大幅增加，在非公有制经济中就业的从业人数远远超过公有制经济，占到总从业人数的大多数。

历年国有企业下岗职工人数

单位：万人

年 份	期末下岗职工人数	当年新增	当年减少	
1998年年初结余	691.48			
1998	594.8	562.2	659.3	610
1999	652.5	618.5	557.7	491

① 《第六次全国职工队伍状况调查专辑》，载《工运研究》2008年9月第16、17期。

续表

年　份	期末下岗职工人数	当年新增	当年减少	
2000	657.2	445.5	440.8	361
2001	515.4	234.3	376.2	227
2002	409.9	162.1	267.6	120
2003	260.2	103.3	249.0	85
2004	153.0	34.3	141.5	47
2005	60.6	14.8	107.2	34
合　计	–	2174.8	2301.6	1974

资料来源:《中国经济统计年鉴》(2006 年)

三、基本经济制度实现形式的变化对工人阶级阶层的影响

改革开放以来，由于基本经济制度实现形式的重大变化，尤其是股份制成为目前大部分企业的重要组织形式。因此，随着股份制企业组织形式的普遍化，在股份制企业中的就业人数也占到了整个就业队伍的大多数。与此相适应，股份制企业的制度特征对于我国工人阶级无疑会产生重要影响。众所周知，股份制是以资本为纽带建立起来的现代企业组织形式，资本雇佣劳动的逻辑是股份制企业最根本的特征，这个特征使得股份制企业内部工人与企业之间关系发生了重大变化，从而对工人阶级产生了重大影响。

第一，适应市场经济运行机制的要求，职工和企业的关系，由过去政府、企业和职工之间的行政关系，转变为企业和职工之间的市场契约关系，工人必须在市场上通过和企业签订雇佣劳动合同才有资格进入企业。就业方式的变化，从表面上看，由过去的国家分配变为自主就业好像增加了劳动者择业的自主性，但本质上说，在市场上通过契约化的方式签订劳动合同，其实质就是资本雇佣劳动。私营企业如此，国有企业也是如此，劳动从属于资本的另外一个表现就是失业率的上升和失业人口的增加。资本雇佣劳动关系的深化使得对劳动的需求取决于资本的大小、资本获得利

润的能力和水平，劳动者的劳动权利已经不再取决于劳动者的意愿，而是从属于资本的需求。

第二，从收入分配看，在国有股份制企业内部，普通职工的收入主要由岗位工资和技能工资构成，外加一些奖金，股票期权收入所占份额几乎没有或者极少；在职工的收入结构中，工资是主要的收入组成部分。如果从职工收入水平看，国企职工，尤其是一些垄断行业，收入水平要好于私企和外资以及三资企业，但在国企内部，大体上呈现出“普通职工收入”小于“专业技术人员和中层管理人员收入”小于“高层管理人员的收入”的特点，不同阶层收入水平差距非常大，尤其是普通职工和高管阶层的收入差距几十倍、上百倍、甚至上千倍。非公有制企业中，由于工人不拥有生产资料，是以雇佣劳动的身份进入企业，其收入的主要形式工资大致上来说相当于劳动力的价值。因此，在非公有制经济中，资本雇佣劳动是其显著特征。总起来说，从收入构成看，当前绝大多数职工的收入结构中，工资收入是主体，财产性收入很少，而且劳动者收入的绝大部分是用来维持生存和发展需要；从收入水平增长幅度看，职工工资收入水平增长幅度远远低于资本积累的速度和规模；从企业内部看，广大普通职工的收入水平与私营企业主、高级管理阶层之间收入差距很大。

第三，在企业生产运营过程中，工人缺少参与企业民主管理的渠道和途径。国有股份制企业大都实行的是精英治厂或者经理人统治，虽然职工参与企业民主管理的积极性非常高，但可惜的是，由于受民主参与渠道少、不畅通、缺乏制度保障等因素的影响，职工参与民主管理在实践中变得困难重重。按照我国目前《公司法》的规定，股份制企业中的董事会和监事会，必须有职工代表，应该说，这一主观愿望是好的，但根据实际调查，有的企业存在排斥职工代表进入董事会和监事会，从而使得董事会和监事会变成“企业管理者天下”的情况。即使有职工代表进入董事会、监事会，有的企业也只是“做做样子”，没有实质的作用。在国企股份制企业中，真正代表职工利益的是职代会和工会，但实际上职代会和工会在代表、维护工人利益方面所起的作用也比较有限。根据全国总工会调查，虽然国有企业职代会建制率要高于非国有企业、尤其是私营企业，但是，工人对职代会发挥作用的评价却远远低于非国有企业。尤其值得注意的是，在企业内部，居于不同地位的人对职代会的评价大不相同，工人对职代会的评价要低于管理人员和专业技术人员，由此可见，在一些企业中，职代会代表企业中最大多数人——普通职工的作用也值得怀疑。

在股份制私营企业和内外资私营经济中，工人阶级被排斥在企业管理和经营决策之外的现象尤为严重，这也是资本雇佣劳动的另外一个重要体现。一般来说，在私营经济中，职工可以通过职代会、厂务公开制度、职工董事会和职工监事会、工会等形式参与企业管理。但据调查显示，职工参与企业管理的上述渠道，在私营经济中并不畅通。就拿职代会来说，私营企业中职代会的建制率在各种不同性质的所有制企业中最低。在建立了职代会的私企中，专业技术人员和一般管理人员对职代会评价最高，高级管理人员或者负责人次之，职工评价低于前两者，说明一些企业中职代会官僚化特征明显，职代会在代表底层的大多数工人的利益方面的作用发挥得不够理想。厂务公开制度方面，私营和个体企业建制率也不高；职工董事和职工监事制度，私营企业建制率也要低于国有企业和集体企业，即使建立了职工董事和职工监事制度，在一些企业中也存在重形式、轻内容的现象，难以发挥其应有的作用。许多私营企业中工会的情况也大概如此。由于一些私营企业主认为建立工会就是为了和企业作对，因此对建立私企工会的积极性不高。从已经组建了工会的私企看，其作用也比较有限。我们知道，股份制企业的本质特征，决定了股份制企业中的最高权力机构既不是职工代表大会，也不是工会，而是股东大会；在股份制企业中“当家做主”的是股东，不是职工。也就是说，私营股份制企业中是“资本说了算”，广大职工实际上无缘企业的管理和决策。

第四，在我国目前的股份制私营和内外资经济中，由于种种复杂的原因，资本处于“强势”地位，因而造成了大量资本侵犯劳动者权益的现象。主要体现在以下几个方面：一是劳动合同签订率总体虽然比《劳动合同法》实施前有所提高，但执行力比较差。二是从总体上看，私营企业职工工资水平较低，工资增加缓慢，在一些行业中，尤其是私企比较集中的建筑施工企业和餐饮服务等行业，私企拖欠职工工资、特别是农民工工资的现象尤其严重。三是私营企业中，职工劳动时间高于其他性质的企业，超长时间加班现象尤其突出。不仅如此，私营企业不按国家规定支付加班费的情况也比比皆是。四是私营企业职业安全和卫生状况问题多多。尤其是一些中小型私营企业，为了降低生产成本，安全投入和劳动卫生投入有待加强，缺乏必要的安全防护设备，职工工作环境较差，各种工伤事故、安全事故、职业病等时有发生，对职工的生命安全造成了损害和威胁。五是社会保障制度不健全。近些年来，随着社会保障制度的逐步完善，职工的社会保障权益总体来看有所进步。但是，私营企业中的社会保障体系存在诸多问题，阻碍着职工社会保障权益的实现。私营企业职工参加养老、医疗、失业、工伤、生育五项社会保险比例均低于全部被调查职工平均水平。

由以上分析可以看出，在股份制企业中，资本雇佣劳动的逻辑对工人与生产资料的关系、收入分配方式以及在企业中的地位都产生了一定影响，从而使得工人阶级的思想观念也发生了一定程度的变化。

首先，职工价值取向更加趋于理性和现实，从注重实现理想转向追求现实利益和物质利益。许多人开始把“有个幸福家庭、有个好职业、多赚钱、当个好工人”看作是自己的人生奋斗目标。其次，广大职工在工厂中的主体意识发生变化。由于企业制度、经营方式、分配方式的变化，在企业经营决策、重大事务决策、利润分配、人事安排等方面，职工参与度不高，职工在企业中的主人翁意识下降。多数职工认为自己在企业中仅仅是一个“打工者”。这种地位的转变，影响了工人阶级积极性和创造性的发挥。

新形势下的工会自身建设

工会改革的基础：回归市场

——《中共中央关于全面深化改革若干重大问题的决定》学习体会

徐小洪*

《中共中央关于全面深化改革若干重大问题的决定》提出了中国全方位、全面深化改革蓝图（也包括了工会，“统筹党政群机构改革，理顺部门职责关系”），同时明确全面深化改革的基础是建立市场化的经济体制。

第一，全面深化改革的基础是经济体制。“全面深化改革，必须立足于我国长期处于社会主义初级阶段这个最大实际，坚持发展仍是解决我国所有问题的关键这个重大战略判断，以经济建设为中心，发挥经济体制改革牵引作用，推动生产关系同生产力、上层建筑同经济基础相适应，推动经济社会持续健康发展。”

第二，经济体制改革是建立市场化的经济体制。“经济体制改革是全面深化改革的重点，核心问题是处理好政府和市场的关系，使市场在资源配置中起决定性作用和更好发挥政府作用。市场决定资源配置是市场经济的一般规律，健全社会主义市场经济体制必须遵循这条规律，着力解决市场体系不完善、政府干预过多和监管不到位问题。必须积极稳妥从广度和

---

* 徐小洪，教授。中国社会学会劳动社会学专业委员会副会长，中国社会法（劳动法）学会常务理事，浙江省《资本论》与社会主义经济学会副会长，浙江省劳动法学会副秘书长，浙江省人大地方立法专家库成员，主要从事产业工人、工会、劳动关系、劳动法的研究。曾著《冲突与协调——当代中国私营企业劳资关系研究》。

深度上推进市场化改革，大幅度减少政府对资源的直接配置，推动资源配置依据市场规则、市场价格、市场竞争实现效益最大化和效率最优化。政府的职责和作用主要是保持宏观经济稳定，加强和优化公共服务，保障公平竞争，加强市场监管，维护市场秩序，推动可持续发展，促进共同富裕，弥补市场失灵。"

第三，建立市场化经济体制的核心是确立"公有制经济财产权不可侵犯，非公有制经济财产权同样不可侵犯"的所有制，以"公有制经济财产权不可侵犯，非公有制经济财产权同样不可侵犯"的原则"坚持和完善基本经济制度"，"公有制为主体、多种所有制经济共同发展的基本经济制度，是中国特色社会主义制度的重要支柱，也是社会主义市场经济体制的根基。公有制经济和非公有制经济都是社会主义市场经济的重要组成部分，都是我国经济社会发展的重要基础"，"完善产权保护制度。产权是所有制的核心。健全归属清晰、权责明确、保护严格、流转顺畅的现代产权制度。公有制经济财产权不可侵犯，非公有制经济财产权同样不可侵犯"，"国家保护各种所有制经济产权和合法利益，保证各种所有制经济依法平等使用生产要素、公开公平公正参与市场竞争、同等受到法律保护，依法监管各种所有制经济"，"坚持权利平等、机会平等、规则平等，废除对非公有制经济各种形式的不合理规定，消除各种隐性壁垒"。

第四，建立市场化经济体制的基础是"加快完善现代市场体系"。"建设统一开放、竞争有序的市场体系，是使市场在资源配置中起决定性作用的基础。必须加快形成企业自主经营、公平竞争，消费者自由选择、自主消费，商品和要素自由流动、平等交换的现代市场体系，着力清除市场壁垒，提高资源配置效率和公平性。" "建立公平开放透明的市场规则。" "完善主要由市场决定价格的机制。凡是能由市场形成价格的都交给市场，政府不进行不当干预"，"健全资本、知识、技术、管理等由要素市场决定的报酬机制"。

第五，《中共中央关于全面深化改革若干重大问题的决定》已经为我们工会改革指明了方向：工会改革的基础是回归市场。工会的实质是校正因劳动力市场特性导致的主体不平等性、因劳动力市场特性导致的劳动关系中劳动者的隶属性，进而确立劳动者的市场主体地位，确保平等主体的市场自由运行。

一、经典理论案例："团结就是力量"——马克思用市场规律分析工作日得出劳工团结权

马克思在《资本论》中用市场规律分析了工作日应该是多少小时的问题，进而直接得出工人团结权。

第一，马克思认为，工作日不是一个不变量，而是一个可变量。工作日有一个最高界限，它不能延长到超出某个一定的界限。这个最高界限取决于两点。第一是劳动力的身体界限。人在一个24小时的自然日内只能支出一定量的生命力。人每天必须用一部分时间来休息、睡觉，还必须有一部分时间来满足身体的其他需要，如吃饭、盥洗、穿衣，等等。除了这种纯粹身体的界限之外，工作日的延长还碰到道德界限。工人必须有时间满足精神的和社会的需要，这种需要的范围和数量由一般的文化状况决定。因此，工作日是在身体界限和社会界限之内变动的。但是这两个界限都有极大的伸缩性，有极大的变动余地。例如，我们看到有8小时、10小时、12小时、14小时、16小时、18小时等各种各样时间长度的工作日。

第二，马克思认为，按照市场规律，资本家有权要求工人在一日之内为他做工，资本家按照劳动力的日价值购买了劳动力，劳动力在一个工作日内的使用价值归资本家所有。但什么是一个工作日呢？它当然比一个自然日短。短多少呢？关于这个极限，即工作日的必要界限，资本家有他自己的看法。作为资本家，他只是人格化的资本。而资本只有一种生活本能，这就是增值，获取剩余价值，用自己的不变部分即生产资料吮吸尽可

能多的剩余劳动。工人劳动的时间就是资本家消费他所购买的劳动力的时间，如果工人利用他的可供支配的时间来为自己做事，那他就是偷窃了资本家。可见，资本家是以商品交换规律作根据的，他和任何别的买者一样，想从他的商品的使用价值中取得尽量多的利益。

第三，马克思认为，按照市场规律，工人有权要求正常长度的工作日。“突然传来了在疾风怒涛般的生产过程中一直沉默的工人的声音：你和我在市场上只知道一个规律，即商品交换的规律。商品不归卖出商品的卖者消费，而归买进商品的买者消费。因此，我一天的劳动力归你使用。但是我必须依靠每天出卖劳动力的价格来逐日再生产劳动力，以便能够重新出卖劳动力。如果撇开由于年老等原因造成的自然损耗不说，我明天得像今天一样，在体力、健康和精神的正常状态下来劳动。你经常向我宣讲‘节俭’和‘节制’的福音。好！我愿意象个有理智的、节俭的主人一样，爱惜我唯一的财产——劳动力，不让它有任何荒唐的浪费。我每天只想在它的正常耐力和健康发展所容许的限度内使用它，使它运动，变为劳动。你无限制地延长工作日，就能在一天内使用掉我三天还恢复不过来的劳动力。你在劳动上赚得的，正是我在劳动实体上损失的。使用我的劳动力和劫掠我的劳动力完全是两回事。假定在劳动量适当的情况下一个中常工人平均能活 30 年，那你每天支付给我的劳动力的价值就应当是它的总价值的 1/（365×30）或 1/10950。但是如果你要在 10 年内就消费尽我的劳动力，可是每天支付给我的仍然是我的劳动力总价值的 1/10950，而不是 1/3650，那就只支付了我的劳动力日价值的 1/3，因而每天就偷走了我的商品价值的 2/3。你使用三天的劳动力，只付给我一天的代价，这是违反我们的契约和商品交换规律的。因此，我要求正常长度的工作日，我这样要求，并不是向你求情，因为在金钱问题上是没有情面可讲的。你可能是一个模范公民，也许还是禁止虐待动物协会的会员，甚至还负有德高望重的名声，但是在你我碰面时，你所代表的那个东西的里面是没有心脏跳动的。如果那里面仿佛有什么东西在跳动的话，那不过是我自己的心。我要求正常的工作日，因为我和任何别的卖者一样，要求得到我的商品的价值。”

第四，马克思认为，市场规律并没有给工作日规定任何界限。“我们看到，撇开伸缩性很大的界限不说，商品交换的性质本身没有给工作日规定任何界限，因而没有给剩余劳动规定任何界限。资本家要坚持他作为买者的权利，他尽量延长工作日，如果可能，就把一个工作日变成两个工作日。可是另一方面，这个已经卖出的商品的特殊性质给它的买者规定了一个消费的界限，并且工人也要坚持他作为卖者的权利，他要求把工作日限制在一定的正常量内。”

第五，马克思认为，在平等的权利之间，力量起决定作用，而团结就是力量！“这里出现了二律背反，权利同权利相对抗，而这两种权利都同样是商品交换规律所承认的。所以，在资本主义生产的历史上，工作日的正常化过程表现为规定工作日界限的斗争，这是全体资本家即资本家阶级和全体工人即工人阶级之间的斗争。”

显然，市场规律自由运行才需要工人团结，才需要工人组织，才需要工会，工会运行的基础又只能是市场规律。

二、历史实证制度：以市场经济为基础的产业民主、集体合同——民国时期浙江省劳资关系处理制度

在市场经济运行中必然会出现工人集体、工人集体行动及对其的法律制度规范。我们通常所说工会两大维权机制：民主管理、集体协商，实际上在市场经济的民国时期就已存在。

（一）民国时期的浙江省产业民主制度

《国民党浙江省党部劳资条件修正办法》（载于《浙江民报》1928 年 1 月 18 日）规定：

一、厂店之用人须得工会及店员总会之同意，并不得无故开除工友或店员，但工友店员亦应遵守厂店章程与规则，其章程规则由劳资双方协议订定，呈报省党部核准。（办法）（一）在工友或店员被开除以前，资方应将过失提交工会或店员总会审查。（二）工友店员如有守厂店章程规则者，资方亦可提交工会或店员总会予以相当之处分。（三）厂店之章程规则，须经工会或店员总会认可及省党部核准。二、加薪须视各厂店营业状况，经济力酌量增加。（办法）（一）如各厂店营业盈余，可依工友店员工资之多寡酌量增加。（二）如厂店营业亏本，劳方为体谅资方起见，当然不能增加，但厂店或有以盈报亏以多报少者，一经发觉应予加倍增加。三、各厂店如遇特种情形，有停业或缩小范围减少工友或店员之必要时，事前须向工会及商民协会声明，转报省党部与市政府，酌量办理。（办法）为预防工友店员失业起见，厂店有不得已苦衷必须停业或缩小范围减少人员时，须于二个月前通知工会及商民协会，报由省党部市政府协同处理。四、平时薪工低微者，或所加在一成半以内，或未曾增加者，至年终结束后，厂方或店方所得之盈余项下，除官息公金外，工友或店员应提百分之四十为花红；加薪至四成以内者，提百分之二十为花红；但官息公积金之规定，另由本会议决之。五、厂或店所有出纳账目应绝对公开。（办法）（一）资方应于月终年终将出纳账目详细公布之。（二）对于公布账目工友或店员如有怀疑时，得随时查察询问。（三）月终年终厂店结账时，应准工友或店员派代表一二人参加。六、工友或店员平时工作特别努力，生产量特别增加者，厂方或店方应有特别奖励。其奖励之多寡主或经协理考察酌定之。（办法）（一）如何为工人特别努力，应有规定：（甲）延长工作时期，（乙）应休息而不休息，（丙）提前出货（譬如平时十日出货者现在只要七八日）。（二）奖励多寡，亦应规定，否则资主或经协理可以任便克扣使被奖励者心灰。（甲）延长时间可依得工资用百分法计算稍为增加，（乙）应休息而不休息者，可依照各厂店旧例酌加，（丙）出货提前者，按平时用百分法计算，稍为增加。（办法）但厂方与店方之章程规则，须经双方认可，经省党部核准，始生效力。

可见，早在民国时期，企业的用人、开除、裁员、规章制度、加薪、奖励、分红、财务公开等都早已纳入了产业民主范围。

（二）民国时期的浙江省集体合同案例

《杭州市商民协会关于劳资条件大纲》（载于杭州《市政月刊》第三期第66页，1928年3月）规定：

（一）厂或店之用人，行政资主或经协理有自由权，但须确定厂或店之章程与规则，实无故不得开除工友或店员，其章程与规则视各业之情形如何分别另订之，但章程与规则，须经商协会呈报备案。

（二）加薪一节，须视各厂或各店之营业状况，经济力量，在可能范围以内，测量增加，厂或各店都能维持工友或店员不致失业。

（三）各厂店无特殊情形不得停业，或藉口缩小范围，减少工友或店员。

（四）平时薪工低微者，或所加在一成半以内，或未曾增加者，至年终结束后，厂方或店方所得之盈余项下除官息工积金外，工友或店员应提百分之四十为花红，加薪至四成以内，百分之二十为花红，但官息公积金之规定，另由本会议议决之。

（五）厂或店所有出纳账目应绝对公开。

（六）工友或店员平时工作特别努力、生产量特别增加者，厂或店方应有特别奖励，其励之多寡由资主或经协理考察酌定之。

（七）工友或店员须绝对服从厂方或店方之章程与规则，不得任意违反。

（八）以上各项自本年二月一日起实行。

杭州丝织总工会曾于民国十六年（1927年）春季向厂方提出集体协商要求条件，经该业劳资双方互相磋商，协定丝织劳资协约及丝织劳资公约两项。于民国十六年三月度由织物公会代表纬成公司经理，会同省党部、东路总指挥部政治部、杭州总工会及机织总工会代表等，双方签订协议。但是当时的资本家方仅限于已加入织物公会的各大绸厂，如纬成、虎林等公司认为妥洽；其余未加入织物公会的各小绸厂，并没有参与这一协商。因此《杭州丝织劳资公约》并没有能够拘束杭州绸业全体雇主。且自四月十日以后，杭州总工会另行改组，规定凡在前总工会时代各团体双方所行订协约，皆须送请查核，再行仲裁。《杭州丝织劳资公约》如下：

（一）工友须遵守纪律，（按总工会定有工会纪律）工友对于职员公役，不得侮辱。

（二）工友须准时上工，未闻放工汽笛，不得先行停止工作，但遇有特别事故，不在此限。

（三）工人因事出厂，必须向主管者请假，其擅自出厂，逾时不归者，通知工会处置。

（四）工人无故缺席，至二星期以上，未经至会者，作为自行告退论。

（五）工人应遵工厂内各种规则。

（六）工作须由厂中支配。

（七）凡制品不良，尚可出售者，应依指导员指示，加以改善。其不服指导，且屡犯者，应相当赔偿或解雇。

（八）工友制品生产力不及最多数之半者，厂中得征求工会同意解约，但请约，但请假及待料停假及待料停止者，不在此限。

（九）营业有盛衰时，得通知工会。人数增减，由工会支配。

（十）违反工厂规则者，由工会执行委员负责处理。

（十一）每日作工时间，男女工人一律规定九小时，男女童工规定七小时。

（十二）经此次订立条件后，以前各厂自订不一之条件，概作无效。

显然，产业民主、集体合同等工会履行职责的基本制度并非以政治为基础，而是以市场经济为基础。

三、劳动经济学解读——劳动力市场对劳动关系的基础性作用

（一）劳动力市场主体各自所有物的不同决定了劳动关系的不平等性

劳动力市场中劳动力供给方与劳动力需求方，他们各自的所有物不同：劳动力供给方所有物是劳动力，他是劳动力所有者；劳动力需求方所有物是生产资料，他是生产资料所有者。这就决定了进入劳动关系后双方的地位、身份，决定了劳动关系主体间存在双重性关系：平等性、隶属性。

第一，平等性。劳资双方是平等的。一方是生产资料所有者，另一方是劳动力所有者。他们都是生产要素的所有者，有着自己的产权、自己的权利、自己的利益、自己追求自己利益的权利；双方在地位、身份、权利、利益等各方面均是独立、自主、平等、自由的，他们是平等自由的市场主体。他们发生劳资关系的基础只能是独立自主地追求自己利益，自由表达自己的意志，所以他们形成劳资关系的形式只能是“意志自由”的契约，即劳动合同。而且，签订劳动合同，形成劳资关系，进入劳动过程、生产过程，就是进入他们各自平等、对等权利利益的实现过程。

第二，隶属性。劳动者隶属于生产资料所有者的用人单位。劳动者一旦签订劳动合同，进入劳动关系，劳动者就让渡了劳动力的使用权，就必须服从生产资料所有者用人单位的管理、支配。劳动者就成为被使用者、

被支配者；用人单位就成为使用者、支配者。用人单位有使用、支配劳动者劳动力的权力、职能，进一步来说，用人单位有享有通过使用、支配劳动力而产生的剩余价值的权利；劳动者有服从用人单位管理、支配、使用的义务。雇主—雇员关系的典型特征是：工作岗位的许多具体细节是由雇主擅自决定的，也就是说，雇主拥有许多剩余控制权。在这一过程中，劳动者是弱者，存在着劳动力被滥支配、滥使用是可能性。

劳动力市场双方主体所有物的不同决定了劳动关系具有建立时平等，建立后转为隶属关系的特点，劳动法律关系中的主体就从抽象的人转化为“穿西装”和“穿工作服”的具体的人，劳动法对主体的规定就“从抽象的法律人格向具体的人”“从法律人格的平等向不平等的人”“从自由的立法者向法律的保护者”转变。

马克思对这种雇佣劳动关系作了更深刻的分析。首先，马克思认为，这种平等性仅仅存在于商品流通领域，进入工厂后，工人就隶属于雇主。“工人在资本家的监督下劳动，他的劳动属于资本家”，工人的产品属于资本家。其次，马克思通过分析资本的再生产认为，流通领域中的这种平等性商品交换也是假象。我们从再生产角度看，经过几次再生产后，雇主在市场上与工人进行交换的资本，实际上，是前几次由工人创造出来的被雇主无偿获取的剩余价值的转化。也就是说，实际上是雇主拿了工人创造的价值再去购买工人劳动力。由此，马克思得出结论：“商品生产所有权规律转变为资本主义占有规律”，“这样一来，资本家和工人之间的交换关系，仅仅成为属于流通过程的一种表面现象，成为一种与内容本身无关的并只能使它神秘化的形式”。

（二）劳动力与劳动者的不能分离性决定了劳动关系运行的核心是劳动权益的实现

劳动力区别于其他生产要素的最根本特点是劳动力与劳动者不能分离，劳动者在持有劳动力所有权的同时，让渡了自己劳动力的使用权，

“工人出卖的是对自己劳动的支配权”。具体表现为劳动者具有职业选择、就业地点和工作条件等方面的权利和主观偏好，雇主具有对其打算雇佣的人的主观偏好；劳动的供给者会组成相互依赖的劳动联合组织，并为追求实现其目标采取集体行动；劳动力的需求方也进行联合；社会制度、意识形态、道德、心理因素显著影响雇主与雇员之间的关系，等等。

这一根本特点决定了在劳动力市场上，劳动力供求双方存在着一般商品市场中不存在的特殊性，劳动力市场的运行受到社会、组织、制度、文化等因素的影响。

劳动力市场中劳动力要素的特点决定了在劳动力市场中，劳动力供求双方完成交易，进入劳动关系后，劳动关系运行的核心问题是劳动者劳动权益的实现，是劳动者对劳动力所有权的实现，是基于劳动力所有权基础上的劳动权益的实现，比如选择职业的权利、取得劳动报酬的权利、休息休假的权利、获得劳动安全卫生保护的权利等劳动权益的实现。劳动力市场也决定了劳动关系运行具有社会性的特点，比如决定了劳动者所关心的是总的净收益，包括工作的“轻松”“整洁”“安全”“受尊重程度”等；决定了人力资本的形成与激励机制；决定了信任、忠诚、公正、职业道德，企业文化的重要性；决定了工会组织的形成与运作。

（三）劳动力市场供求状况决定了劳动关系双方主体的力量对比状态

劳动力市场的供求状态决定了市场主体的不同位置，劳动力供大于求，劳动力需求方就占主导位置；劳动力供小于求，劳动力供给方就占主导位置。劳动力市场的供求状态决定了市场工资的确定，供大于求，工资降低；供小于求，工资提高。

作为个体劳动者，劳动者在寻找工作时有一个预期工资，预期工资表示劳动者可以接受的最低工资，劳动者搜寻工作会持续到企业提供的工资大于或等于他所持的“预期工资”。劳动者的“预期工资”完全取决于

“市场机会”，在不同的市场类型中，“预期工资”有极大的变化：当劳动力市场供大于求时，市场工资低下；劳动者内部为了得到稀少的工作岗位而展开激烈的竞争；由于劳动者拥有的是劳动力，而劳动力的特点是具有“让渡的迫切性”“不可储藏性”“专用性”，这三方面因素导致劳动者的“预期工资”非常低下。当然，当劳动力市场供小于求时，劳动者“预期工资”就可能会提高。

因此，劳动力市场供求状态就直接影响劳动关系中主体的力量对比状态。在劳动力市场供大于求时，劳动者为了生存就只能放弃权利、利益，劳动关系的基本法律规范，劳动标准的法律规定得不到执行。

（四）劳动力市场决定了工会产生及其功能

工会正是为了改变个体劳动者的处境而产生的。工会是劳动力供给方的组织，它可以组织起来采取种种手段改变劳动力的供求状态，它可以采取组织内部措施纠正劳动者内部的恶性竞争，统一对外，通过改变劳动力供求比例而改变劳动关系主体间的力量对比关系。计划经济中，劳动力为国家所有，劳动者将劳动力让渡给国家，从而也就不可能承担任何义务，所以国家给予劳动者行政性保护。由此，劳动者也就成为依附者，而不可能成为享有、行使权利，承担义务的经济和法律关系的主体。进入市场经济后，在法律形式上，劳动者已成为劳动法律关系的主体，已成为享有权利，承担义务的劳动法律关系参与者，这是根本性的进步，是历史性进步。但在现实中，劳动者的法律主体地位、权利主体地位并未得到确立，劳动法律、法规规定的劳动者权利不能充分行使、实现，得不到保障；受到侵犯时，得不到救济。所以维护劳动者权利，就是要真正确立劳动者在劳动法律关系中的主体地位，确立劳动者的权利主体地位，确立劳动者自由、独立的市场主体地位，这也就是工会的价值取向，工会的根本宗旨。

（本文曾发表于《北京市工会干部学院学报》2015 年 01 期）

在上海自贸区建设中直面国际劳工标准

林燕玲*

上海自由贸易试验区是中国改革开放的升级版，透过这个“窗口”和“试验区”，中国会更加融入世界，并且参与游戏规则的制定。有专家指出，与中国当前总体上劳动关系主体逐步多元化、劳动关系问题日益社会化、劳动关系标准规则不断国际化、劳动关系问题传播网络化信息化、劳动关系矛盾呈现显性化常态化多样化态势相比，自贸试验区的劳动关系呈现出市场化程度更深、法治化要求更高、国际化程度更强等鲜明特点。以建设“国际化和法治化的营商环境”为目标的自贸区建设，对劳动关系的法律规制而言，意味着我们必须直面国际劳工标准。而直面国际劳工标准，我们面对的最大挑战，不是体制机制，而是观念。只有解决观念问题，才能变被动为主动，了解规则，并为参与规则的制定创造条件。在上海自贸区，国际劳工标准能否在调整和规范劳动关系中发挥作用？上海自由贸易试验区能否为我国参加国际多边或双边自由贸易区有关劳动标准的谈判提供理论依据和实践范例？有关各方都在期待答案。

---

* 林燕玲，法学硕士，中国劳动关系学院劳动关系系教授，国际劳工组织与国际劳工标准项目顾问和培训专家，国家构建和谐劳动关系课题组成员。从事劳动关系与工会问题研究，重点研究国际劳工标准与中国劳动法比较和工人权利意识。主要著作有《国际劳工标准》《改革开放30年：中国工人权利意识的演进和培育》《德国工厂之旅》《反就业歧视的制度与实践——来自亚洲若干国家和地区的启示》等，专著《体面劳动——世界与中国》获得国家新闻出版总署“三个一百”原创出版工程。

一、自由贸易与国际劳工标准密不可分

回顾历史，人们一直试图用劳工标准等因素，创造和维护公平竞争的市场环境。无论历史上，还是现实中，人们讨论贸易竞争的公平时，总绕不开国际劳工标准。这种讨论似乎从来没有中断，仅举三个不同时期的讨论，虽然每个时期的背景、讨论的重点和结果各有不同，但是，它们并没有影响和削弱自由贸易与劳工标准的联系，反倒是不断加强了它们之间的联系。

（一）国际劳工组织成立，开启国际劳工标准

第一次讨论发生在19世纪中叶到1919年。讨论的起点是国家劳动法的制定并不能解决国家间贸易竞争的公平性，而讨论、酝酿和实践的结果是1919年国际劳工组织——制定国际劳工标准组织的成立。

1802年英国议会通过了《学徒健康与道德法》，这是现代国家劳动立法的开端。不过，总的来说，直到19世纪90年代以前，国家劳动法在各国的发展进程是缓慢的。究其原因，是资本家的抵制。他们争辩说，以改善劳动条件、保护工人利益为目标的劳动立法，势必直接或间接地提高生产成本，导致削弱本国工业在国际市场上的竞争力，而这对雇主、工人和国家都是不利的。

法国企业家尼埃尔·勒格朗（1783—1859）被认为是明确提出国际劳动立法思想的早期重要倡导人。他呼吁说，在现代的工业欧洲，有些事情除非在有关的列强之间达成共同行动的协议；否则，单个国家是不可能妥善处理的。因为如果既要增进工人精神上和物质上的幸福生活，同时又不至于影响各国工业在平等条件下进行竞争，那么唯一可行的办法是在国际范围订立劳动法。这个观点后来在国际劳工组织章程的序言里得到了反映。它被这样表述："任何一国不采用合乎人道的劳动条件，会成为别的

国家愿意改善其本国劳动条件的障碍。”

19 世纪 50 年代以后，国际劳动立法的设想已从个别人的倡导发展成为国际范围的集体努力，并在第一次世界大战后的 1919 年，成立了国际劳工组织。国际劳工组织的成立，开启了对国际劳工标准的制定工作。从 1919 年第 1 届到 2014 年第 103 届国际劳工大会，国际劳工组织一共制定了 189 个国际劳工公约、6 个议定书和 203 个建议书。内容分为 23 类，涵盖劳动世界的方方面面。这些公约、议定书和建议书都是采取单行法的形式，每一个公约或建议书只包括某一项劳动问题或问题的某一方面的规定。国际上有人把这些公约和建议书的汇编总称为《国际劳动法典》，它是国家之间订立的大家共同遵守的处理劳动关系以及与之相关的一些关系的准则。制定国际劳工标准，有利于各国关于改善工人的劳动和生活条件的立法建立在各国进行公平的国际竞争的基础之上。同时，制定国际劳工标准，也是实现社会公正和维护世界和平的需要。

（二）围绕“社会条款”的争论和体面劳动的提出

第二次讨论发生在 20 世纪 90 年代。国际劳工组织内部从 20 世纪 90 年代中期开始，围绕着“社会条款”问题展开了激烈的辩论。国际劳工组织提出体面劳动应作为经济全球化的社会政策目标措施，这已在全球达成共识。

在 1994 年的国际劳工大会上，国际劳工局局长汉森在局长报告中提出了与即将成立的世贸组织联合实行“社会条款”的建议，即将基本劳工标准与国际贸易规则相联系，对不切实执行国际劳工标准的成员国予以贸易制裁，以调节国际竞争和维护全世界劳动者的基本权益。建议的依据是，既然全球化的社会层面问题主要涉及劳动者的基本权利，而对劳动者基本权益的损害主要是在贸易自由化过程中发生的，那么，就应以维护工作中的基本原则和权利的国际劳工标准为基础，形成国际贸易规则中的“社会条款”，并通过贸易制裁手段迫使各国一律执行。该报告在国际劳工组织的内部引发了一场发达国家和发展中国家之间长达一年半的争论，印度、中国等发展中国家指责发达国家主张的实质是贸易保护主义。因此，国际劳工组织最终对该问题予以搁置。在20世纪90年代，关于社会条款的争论多次发生在双边和多边会议中，然而，由于严重的意见分歧，辩论陷入僵局。

1995年，国际劳工组织发起了敦促会员国全面批准实施基本劳工公约（核心劳工公约）的运动。1998年，国际劳工组织通过了《工作中的基本原则和权利宣言及其后续措施》（以下简称《宣言》），其中规定了所有成员国有义务尊重、促进和实现以下有关原则的基本权利结社自由和有效承认集体谈判、废除一切形式的强化或强制劳动、禁止童工劳动、消除就业与职业歧视。不管成员国是否批准了核心劳工标准，都有义务遵守核心劳工标准所规定的原则，并通过后续措施予以监督。

在1999年6月第87届国际劳工大会上，国际劳工局新任局长胡安·索马维亚（Juan Somavia）在向大会提交的《体面的劳动》（*Decent Work*）的报告中，提出了给人人以“体面的劳动”的新观念，将基本劳工标准以及恰当的报酬、工作条件和社会保障融入其中，作为检验“全球化的试金石”。与通过贸易制裁的“社会条款”相比，在“体面劳动”中，“社会最低标准”不仅包括工作中的权利（即核心劳工标准），还包括就业、社会保护和社会对话。体面劳动对不同国家劳动者的普遍需求做出了积极回应。也就是说，起初的措施只限于促进和实施工作中的基本原则和权利，这主要是反映了发达国家的要求和利益。随后在广大发展中国家的强烈要求下，经过长期酝酿和争论，才增加了就业、社会保护、社会对话三项内容，形成了从整体上推进四项战略目标的体面劳动理念，从而比较全面地反映了当前维护全世界劳动者权益的迫切要求。

体面劳动是国际劳工组织为了应对经济全球化的挑战，消除其带来的消极影响，促进社会公平和正义而提出的社会政策目标和措施。体面劳动的提出意味着对国际劳工标准关注的侧重点发生了很大变化，虽然核心劳工标准依然重要——它是实现体面劳动的必要条件；然而，包含就业、社会保护和社会对话的优先劳工标准和一般劳工标准，其重要性和被关注度大大提高。

表 "体面劳动"与"社会条款"的比较

比较项目	内 容	推进方式	接受程序	结 果
体面劳动	权利、就业、社会保护、社会对话	倡导、帮助、服务	达成共识	从中受益
社会条款	权利	惩罚	陷入僵局	承担责任

（三）劳工标准是TPP谈判中非常有争议的议题

近年来，美欧日三大经济体力图通过跨太平洋伙伴关系（TPP）、跨大西洋贸易与投资伙伴关系（TTIP）和多边服务贸易协议（TISA），形成新一代高规格的全球贸易和服务业规则。前两个协议的市场开放水平和对成员经济体的约束力，都高于WTO，若完成谈判，将建立一个以美国为轴心，横跨太平洋和大西洋的全球两大自由贸易区，其经济总量将占全球GDP的六成以上。

TPP是美国与亚太13国正在谈判的零关税自由贸易协定，劳工标准一直是TPP谈判中非常有争议的议题。就内容而言，要求TPP成员国重申作为ILO成员的义务，遵守国际劳工组织1998年《关于工作的基本原则和权利宣言》的承诺，即8个核心公约中确认的劳动者的四个方面的基本权利以及可接受的劳动条件，要求TPP成员国制定最低工资标准、工时标准、职业安全与健康的相关法律制度。就程序而言，要求劳动争议适用TPP协定下贸易争议的争端解决机制，且可能给予胜诉方执行贸易制裁或由败诉方支付罚金两种罚责途径。《北美自由贸易协定》是全球第一个对劳工标准作出详尽规定的自贸协定，它通过附属协议《北美劳工合作协议》解决劳工标准争议。该协议允许贸易制裁措施被用在涉及违反童工保护、最低工资、职业安全和健康等国内法律和法规的情形，而不涉及自由结社、集体谈判和强迫劳动的问题。

TPP谈判国对于劳工标准迄今未达成统一的意见。发达国家美国、日本、新加坡等主张执行国际劳工组织的核心劳工标准，但将这些原则写入法律条文对TPP发展中成员国而言是一大挑战，因而遭到越南、智利和文莱等发展中国家的反对。例如，越南规定除政府成立的工会外不允许劳工结成组织，文莱也同样禁止独立工会。TPP以其高标准的贸易协议，知识产权、环境和劳工标准规则，具有发展成为亚太自由贸易区基础的前景，对中国的经济政治发展有着重大的影响。当然，劳工标准也被视为中国可能加入TPP谈判的一个敏感领域。

上述分析表明，贸易与劳工标准从来就是密不可分的，在经济全球化的条件下，发达国家要用国际劳工标准约束贸易自由化。这就使得中国不得不再次直面国际劳工标准，特别是TPP协议中重点关注的核心劳工标准以及可接受的劳动条件。人们都在期待，上海自由贸易试验区为我国参加国际多边或双边自由贸易区有关劳动标准的谈判提供理论依据和实践范例。

二、直面国际劳工标准，转变观念是最大的挑战

国际劳工组织是联合国系统中负责劳工和社会事务的专门机构，目前有185个会员国。国际劳工组织始终致力于国际劳动立法，即制定和推动实施国际劳工标准，以促进对全世界劳动者基本权利的保护。

中国是国际劳工组织的常任理事国，作为一个发展中国家和世界上第二大经济体的人口大国，中国在国际劳工组织中正在发挥越来越重要的角色和作用。截至2015年1月15日，中国已经承认和批准了25个国际劳工公约，其中4个核心劳工公约，即第100号、第111号、第138号、第182号公约。中国在劳动立法和政策制定中，不同程度地吸收和借鉴了国际劳工标准。然而，回顾历史，由于一些观念作祟，也阻碍了我们更早、更深

地融入世界劳工和社会发展进程之中。

中国是国际劳工组织的创始会员国，在1920年就加入了该组织。但是，1949年以后，由于我国在联合国中的席位被非法剥夺，所以，中国与国际劳工组织的关系被割断了。1971年，中国恢复在联合国的合法席位，然而，直到1983年第69届国际劳工大会，才正式参加国际劳工组织的活动。实际上，国际劳工组织是联合国系统中唯一具有三方性机制的国际组织，而提倡工人与雇主的合作以促进经济与社会的发展，是国际劳工组织奉行三方性原则的一个重要思想基础。

从1983年到2001年，中国政府、工人和雇主组织的代表每年都参加国际劳工大会，但18年中只出版了3本介绍国际劳工标准的书，研究几乎是空白。一般只是在《劳动法学》的教科书中以“国际劳动立法”为标题设专章作简要介绍，内容简单，资料陈旧。而在《国际法》的教科书中，只是对国际劳工组织作了简要介绍，而对国际劳工标准没有阐释。1991年，王家宠先生撰写的《国际劳动公约概要》出版，这本书迄今为止依然是对国际劳工组织和国际劳工标准进行阐释的经典之作。而作者定位的读者群，主要是中国参加国际劳工大会的代表和成员。

中国围绕“社会条款”的争论，滞后于国际社会。2001年中国加入WTO前，开始了对国际劳工标准的积极关注。国际劳工标准是否应与国际贸易规则挂钩，成为中国经济领域和知识界热议的话题。这一阶段，围绕该主题的论文和专著多了起来，对国际劳工组织和国际劳工标准进行系统介绍、评述和研究的论文和专著陆续发表和出版。然而，在中国加入WTO以后，对国际劳工标准的讨论和关注急剧降温，热议的话题又归于沉寂。

目前，纳入劳工标准的TPP自由贸易协定谈判一旦完成并生效，美国“重返亚太”战略将通过TPP得以加强实施。它不仅对亚太地区的经济贸易和地缘政治产生影响，还将对我国扩大自由贸易区建设和发展带来巨大挑战，并进而影响到我国的对外贸易投资。因此，有关各方又重新燃起关注和研究的热情。

考虑到国际劳工标准的特殊性，对国际劳工标准的研究有两种视角：一是国际劳工标准与国家劳动法的关系；二是国际劳工标准与国际贸易规则的关系。应该说，这两种角度的研究都很重要。但是，在我国，当人们越来越多地提及国际劳工标准时，他们更关注的是国际经济贸易规则，而不是国际劳工标准。同样，当新闻媒体宣传和报道SA8000，提及国际劳工标准时，大家关注的是对此标准的遵守既会影响到企业的订单，也会影响到企业产品的出口，而不是国际劳工标准对尊重和保护工人权利的作用。

就总体而言，国人对于国际劳工标准的热情源于加入WTO的推动，源于可能加入TPP的推动，源于经济发展的强大需求的推动。但研究中存在着的主要问题是：一是不重视国际劳工标准与国家劳动法相互关系的研究；二是不重视对国际劳工标准进行客观全面的研究。在我国，当人们提及国际劳工标准时，是把“核心劳工标准”等同于国际劳工标准，忽略了对优先公约和一般公约以及大量建议书的研究。而核心劳工公约涉及人权问题，研究起来过于敏感，就变成了国际劳工标准过于敏感。实际上，国际劳工标准既包括国际劳工公约，也包括大量建议书；既包括核心劳工标准，也包括更加大量的优先和一般劳工标准。这些劳工标准侧重点不同，但其重要性并无厚此薄彼之分，对于我国劳动法制建设具有直接借鉴意义。因此，在自贸区建设中，无论是对政府、雇主和工会，还是对专家学者，直面国际劳工标准时，转变观念是最大的挑战。

三、直面国际劳工标准，将挑战变为机遇

2014年12月5日，中共中央总书记习近平主持中央政治局第十九次集体学习。习近平强调，“加快实施自由贸易区战略，是我国积极参与国际经贸规则制定、争取全球经济治理制度性权力的重要平台，我们不能当旁观者、跟随者，而是要做参与者、引领者，善于通过自由贸易区建设增强我国国际竞争力，在国际规则制定中发出更多中国声音、注入更多中国

元素，维护和拓展我国发展利益。”毫无疑问，自贸区建设是从“与国际接轨”走向“推动规则演化”的新阶段。为此，一方面，就是要先行试验国际经贸新规则、新标准，积累经验，为与美国等发达国家开展相关谈判提供参考，进而为我国参与规则制定提供支撑；另一方面，务必高度关注全球经济贸易投资领域的三大谈判：即跨太平洋伙伴关系（TPP）、跨大西洋贸易与投资伙伴关系（TTIP）和多边服务贸易协议（TISA），目前这三大谈判都已进入关键阶段，国际经济贸易投资领域诸多新规则呼之欲出，我们必须将其中最核心部分在上海自贸区作压力测试。

自贸区的劳动关系三方——政府、雇主和工会，要把上述先行试验和压力测试当作全面系统学习和研究国际劳工标准的过程。不懂、不熟悉就要学习；有疑问的就要探讨。国际劳工标准被认为是世界上几乎所有国家或绝大多数国家的政府、雇主和工人共同达成协议的劳工标准，在国际社会享有高度的权威。每个主题都涉及理念、制度和措施，值得深入理解和研究。以国际劳工标准审视中国相关的法律和实践，存在哪些差距，原因是什么，可不可以吸收借鉴？

例如，如果以国际劳工标准审视中国的女工保护，我们会发现，中国对女职工保护的法律、法规与国际劳工标准有很大差距。在世纪之交的国际劳工公约中，不再把妇女作为弱势群体给予特殊保护，只是对妇女生育进行保护。法律赋予妇女权利，让妇女自己去选择是否愿意从事某项工作。不作性别区分，而是整体抬高劳动保护水平，是一个世界的趋势。

自贸区的劳动关系三方——政府、雇主和工会，要把上述先行试验和压力测试当作完善劳动关系调整的法律、体制机制的过程。在中国，调整个人劳动关系的法律规制建设已经基本完成。然而，在劳动者的诉求由权利向利益转变，在劳动关系正在发生集体化转型的背景下，集体劳动关系法律规制缺失不利于集体劳动争议的处理。要创新劳动关系协调制度，既要结合本国国情，也要吸收和借鉴国际劳工标准，如公平正义的目标和以集体劳工三权为基础的劳动关系协调体系。国际劳工标准从横向看，涉及劳动和社会保障领域的各种问题，对于这些问题的调整和规范，世界各国具有趋同性的特点；从纵向看，在 90 多年中由国际劳工大会通过的劳工公约和建议书，是世界各国，特别是发达市场经济国家劳动法制建设的历史结晶。中国通过了解国际劳工标准，并将其作为评价自身法律优劣的参照系，可以为我国劳动法律制度的发展和完善提供有益参考，使我们在探寻真正适合我国的劳动法律方面获得更多启示。

自贸区的劳动关系三方——政府、雇主和工会，要把上述先行试验和压力测试当作在劳工和社会发展领域，与世界同步的过程。第一，面临同样的挑战。透过国际劳工组织和国际劳工标准，我们会清晰地了解到经济全球化对劳动世界的挑战，自贸区是经济全球化的一个缩影，也会呈现出经济全球化给劳动世界带来的负面影响。随着国际化企业在自贸区的聚集，如何处理自贸区企业的劳资关系是一个非常现实而紧迫的问题。

第二，设定同样的目标。体面劳动是经济全球化时代的社会政策目标，它既是工会运动的目标，也是劳、资、政三方的目标。作为一种社会政策，体面劳动越来越深地嵌入到全球治理之中。体面劳动是以国际劳工标准为支撑的，国际劳工标准既可以为体面劳动的具体内容提供权威性的解释，也可以通过监督成员国对国际劳工标准的实施，了解其落实体面劳动的进程以及遇到的障碍和问题，为成员国逐步解决问题提供帮助。

第三，关注多种实施途径和执行程序。按照国际劳工组织的规则，国际劳工公约由成员国立法机关批准后即有法律效力，建议书无须批准。这是国际劳工标准最基本的实施途径（此外，国际劳工标准还通过与经济贸易协议挂钩，以及企业社会责任等形式实施），但是这个规则在中国并没有完全解决问题，一是批准后究竟采取转化还是纳入方式没有明确规定；二是批准后转化或纳入不足“由谁来监督，谁来纠正”没有明确规定；三是由国际劳工公约规定的权利受到侵害时，权利救济的途径是什么？

（本文曾发表于《工会理论研究》2015 年 01 期）

工会网络问“政”：广东“工人在线”创新维权新机制

黄 岩 孟 泉*

问责政治被认为是现代民主治理的标志，网络问政是问责政治的一个具体形式。网络问政是指政府部门和公众以互联网为平台，以实现公众问政问事于政府，政府问计问策于公众的双向互动过程。中国工会是中国工人阶级的组织，是职工联系党和政府的桥梁，是中国特色民主制度框架下的一种政治设计。由于工会有比较强烈的行政色彩，工会问政问计于工人，符合网络问政的一般性特征，目前实践界和学术界对网络问政的研究还仅仅集中在问政背景、意义和特征这些比较宽泛的论述上，很少有针对一项具体的问政活动进行具体个案分析，更鲜见对工会问政的观察和分析。本文以广东省总工会与南方报业传媒集团合作开办的“工人在线”作为个案，观察“工人在线”问政活动取得成功的原因及其运作特点，讨论“工人在线”问政面临的限度和挑战，并以此延伸出对网络问政与问责政治未来的思考。

---

* 黄岩，华南师范大学公共管理学院副教授，硕士生导师，政治学博士，2007 年博士毕业于中山大学政治与公共事务管理学院。主要研究领域为劳动政治和社会政策。出版专著《全球化与中国劳动政治的转型——来自华南地区的观察》，在《中国人口科学》《社会》《开放时代》等期刊发表多篇劳工研究论文。孟泉，清华大学社会学博士后，首都经济贸易大学劳动经济学院讲师。

网络问政说到底就是问责政治的新形式，在现代政治过程中，问责政治至少包含了三个层次的内容，首先它强调官员必须对自己的行为进行辩护和解释，其行政要接受公众舆论的审查；其次，问责机构拥有强制力对相关官员进行惩罚和奖励；再次，问责主体不仅仅是指组织内的纵向和横向部门，也包括组织外的机构和个人如网民。因此责问、回应和惩奖是观察中国当下网络问政的三个最核心的维度，问政本质是一个问责的过程。当面对内外问责主体的责问时，问责对象不仅有义务将其过去或将来采取的行动和决定告知问责主体，并给予说明和解释，采取相应的行动以落实、解决问责主体提出的合法诉求和合理建议等。问责对象对问责主体的回应和答复将借助制度性的安排受到相应的奖励或惩罚。

工会工作如何接“地气”？如何贴近职工群众的真实需求？如何贴近时代发展的需要？这些问题一直困扰着各级工会工作者。2013 年 10 月，习近平总书记在同全总第十六届领导班子集体谈话时强调，中国工会要把做好新形势下群众工作，调动职工群众积极性和创造性作为中心任务，把巩固党执政的阶级基础和群众基础作为政治责任，竭诚为职工群众服务，切实维护职工群众的权益，不断焕发工会组织的生机与活力。广东省总工会提出建设维权型、服务型和创新型工会的工作目标，2013 年 12 月，省总工会联合南方报业传媒集团共同创建“工人在线”网络问政平台，利用互联网技术拓展工人与工会沟通的新渠道。“工人在线”问“政”工会在全国是首创，自 2013 年 12 月开通以来至 2014 年 11 月共举办 12 场问“政”活动，有效地促进了工会与工人的联系，倾听到工人的声音，创新了工会工作机制，提升了工会形象。

一、“工人在线”搭建网络问政平台

广东是全国人口最多的省区，也是中国和全世界制造业最为发达的地区，有近 4000 万名产业工人，其中一半以上来自外省地区。近年来，广东省的经济与社会发展面临着非常严峻的挑战，产业结构调整，企业内迁加快，新生代农民工权益意识增长，利益主体分化，劳资冲突事件急剧上升。南海本田汽车工人停工事件、富士康公司工人连环自杀事件、潮州古巷工人群体性事件以及汕头制衣厂火灾事件都反映了广东省劳资关系的紧张程度，也暴露了社会各界在应对劳资冲突事件和处理劳资矛盾的严重滞后性。广东省总工会力图探索出一条能够及时畅达民意和倾听工人声音的新机制，“工人在线”应运而生。

“工人在线”的定位是“工人有话有地方说，职工有困难找工会”，依托互联网平台，工人可以通过线上和线下与各级工会联系反映问题，省总工会派出专员负责解答工人的提问。“工人在线”开创了广东省总工会、政府职能部门与媒体的强强联合。广东省总工会有着强烈的为工人服务的意愿，他们认识到互联网技术对于沟通工人的重要性和便捷性，一直在探索如何更好地利用网络平台来畅通与工人的联系。南方报业传媒集团是中国最为著名的传媒综合体之一，在业界有着非常深厚的影响力，在公众中拥有良好的知名度和美誉度。

广东省在全国率先迈出了网络问政的探索步伐，自 2008 年以来，南方报业传媒集团网络问政平台邀请到省委书记和省长与网民见面，畅谈社会治理问题，网络问政活动不断地延伸到省直各厅局和各地市，网络问政逐步走向成熟并得到各级政府的重视，其社会管理功能和效果也日渐显著。网络问政正在制度化地成为各级政府问计问策于民的一种施政方式，也是公众问事问政于政府的一种重要渠道。

12 场“工人在线”活动参加人和主题

场次	举办时间	主持人和嘉宾	主题
1	12 月 3 日	省人大党委副主任、省总工会主席　黄业斌	启动仪式并答问工人
2	1 月 13 日	省总工会副主席　陈宗文 广东铁路集团工会委员会主席　孙　洁 广东交通工会委员会主席　阮国廉	情暖外来工

续表

场次	举办时间	主持人和嘉宾	主题
3	2月20日	省总工会副主席　王丽华 广东省就业服务管理局局长　魏建文 广州市总工会职工服务中心主任　黄国明	关注保障就业
4	3月27日	省人大常委会副主任、省总工会主席　黄业斌 深圳市总工会主席　罗　莉 东莞市总工会主席　郭　水	工会帮你维权
5	4月27日	省人大常委会副主席、省总工会主席　黄业斌 省总工会副主席　陈宗文 省卫生厅副厅长　廖新波	关注职工看病就医
6	5月25日	省人大常委会副主任、省总工会主席　黄业斌 省教育厅厅长　罗伟其 省考试院副院长　黄友文	关注异地务工人员子女高考
7	6月29日	省人大常委会副主任、省总工会主席　黄业斌 省总工会副主席　陈宗文 省总工会副主席　张国兴 省安全生产监督管理局党组成员　潘　游	关注职工在高温天气和环境下作业的劳动权益
8	7月31日	省人大常委会副主任、省总工会主席　黄业斌 省总工会副主席　张振飏 广东胜伦律师事务所副主任　刘继承	职工遇到劳动纠纷怎么办
9	8月29日	省人大常委会副主任、省总工会主席　黄业斌 省总工会副主席　陈宗文 省总工会巡视员　王丽华	工会为你排忧解难
10	9月28日	省人大常委会副主任、省总工会主席　黄业斌 省总工会副主席　张国兴 省人力资源和社会保障厅工伤保险处处长　李　辉 省总工会法律服务律师团律师　胡芳劳	关注职工劳动安全

续表

场次	举办时间	主持人和嘉宾	主题
11	10月31日	省人大常委会副主任、省总工会主席　黄业斌 省总工会副主席　陈宗文 省总工会保障工作部部长刘中斌	关注职工福利
12	11月28日	省人大常委会副主任、省总工会主席　黄业斌 省人大常委会委员、党委会机关巡视员　李焕新 省总工会基层组织建设部部长　周驷耕 理光（深圳）工业发展有限公司工会主席　钱家良 东莞巨汉灯饰有限公司厂长　沈教武 江门市辉隆塑料机械有限公司人事行政部 经理　吴江波	关注集体协商

广东“工人在线”平台借助于南方报业的传播优势和南方新媒体全方位传媒渠道，与省总工会共同建设一个全新的工人与工会沟通互动的桥梁。平台的形式为线上和线下两种交流方式，每个月举办一次线上交流活动，省总工会领导、省直职能部门负责人、各地市总工会负责人、产业工会领导、企业工会代表、企业家、律师、专家学者和网友、工人代表一起参与互动。宣传和解释工会和劳动法规，倾听工人声音，回答工人各种提问，现场解决工人问题。

“工人在线”每个月都开展一次在线交流活动，每个月都会有一个主题，并在在线平台提前预告主题、时间，同时面向工友征集问题。“工人在线”开辟有“工人有话说”“部门回复”“交办事项”等栏目，在“工人有话说”栏目下又设置有咨询求助、投诉举报、建言献策和拍砖灌水等版块。12 场的“工人在线”活动已经收集到工人的各种提问 3000 多件，每次 2 个小时线上交流，“工人在线”已经现场解决工人问题近 300 件，具体跟进交办的已经有近 2000 件。

由于每月的“工人在线”都有一个相对固定的主题，涉及工人权益的方方面面，加班费的计算、调班的争议、工伤赔付政策、社保规定、异地高考政策、职业病防治、劳动争议程序等是工人集中关心的问题。通过近2个小时的解答，相关的政策内容也得到了很详细的说明和解读；“工人在线”还现场帮助工人解决了问题，解释了疑问；“工人在线”还主动要求工人即时留下联系方式，工作小组线下继续跟进，督促各地工会落实。从第4期开始，“工人在线”每期都挑选10件工人个案并现场宣读，主持人在下一次在线交流开始时公布这10件个案的跟踪解决情况。由于有一个良好的督办机制，工人要求的每件事情都得到了较好的解决和落实。有的个案本身比较复杂，“工人在线”一直跟踪到最后有一个明确的解决方案。

二、“工人在线”问政特点

“工人在线”已经坚持了一年，吸引了广大工人朋友的关注，帮助工人解决和解答了许多问题，也改善了工会形象。广东省总工会借鉴政府部门网络问政形式，在全国开辟了工会问政的先河，“工人在线”值得推广的做法或者说主要特色有以下几个方面。

1. 领导权威示范效应。“工人在线”从2013年12月到2014年11月共举办了12场活动，每月一场。广东省总工会黄业斌主席共参加了10场，黄业斌主席亲自参加“工人在线”是活动成功的一个重要原因。黄业斌主席是省人大常委会副主任，兼广东省总工会主席，平时公务非常繁忙，但他还是亲力亲为。“我来了，大家都会来”，这是黄业斌主席说给各位工友听的话，更是说给其他工会干部听的话。因为黄业斌主席非常重视，“工人在线”每次活动都开展得有声有色，其他领导和其他部门也非常重视。黄业斌主席不仅亲自到场参加在线活动，而且亲自回答工友提出的各种问题。在黄业斌主席的带领下，省总工会其他副主席、广东省其他职能部门的领导以及深圳和东莞两个劳动用工的大市工会领导也多次参与“工人在线”交流活动。高层领导亲自参加“工人在线”活动，不仅使活动本身公信力提高，增强了工人的信任，同时也带动了其他部门的参与积极性，增强了“工人在线”解决工人问题的能力和效率。

2. 现场解答和现场督办机制。“工人在线”不仅仅负责宣传劳动法规和工会政策，更主要是帮助工人现场解决问题，回答工人的疑虑问题。省总工会的工作小组每次活动时都做足功课，既要向工人传递出工会举办活动的诚意，也要向工人证明活动本身的效果。因此，每次活动开展前，参加活动的各位领导都要熟悉具体的法规和制度，如果遇到过于专业的问题或疑难问题就现场求助律师。“工人在线”的领导在现场既要耐心地听取工人的各种抱怨和诉苦，还要细致地记录整理工人的各种提问并负责解答。如果现场无法解决的，领导和嘉宾会要求工人留下联系方式，线下进行协调和跟进解决。每月 10 件个案办理进展的在线公布更是大大提高了“工人在线”在工人中的信任度，也倒逼地方工会认真参与到“工人在线”的活动中来。

3. 专责小组和多部门联动机制。省总工会成立了专门的工作小组来负责“工人在线”的运行，每期主题策划、邀请领导参加、协调时间、挑选 10 件大事、督办 10 件大事进展、跟进联系现场互动工人等都需要在线下完成大量的工作。由于工人权益问题涉及面非常广，既有常规的劳动权益如工伤、加班费、社保问题或宿舍、食堂和车间管理问题，还包括工人子女的读书、看病或精神健康等，而工会只是一个群众团体，它没有行政职能，所以要解决工人的诸多问题还要其他部门的大力支持。因此，每期“工人在线”活动省总工会都要邀请省直其他职能部门或深圳、东莞等地市工会负责人一起参与。1 月份农民工返乡高峰期，“工人在线”邀请两大产业工会领导到场解释情暖农民工计划；2 月份农民工返粤求职，“工人在线”邀请广东省就业服务管理局局长解答工人就业问题；9 月学生入学，“工人在线”邀请教育厅厅长解释就读政策和助学政策。“工人在线”还邀请专家学者、知名网友和工人代表一起参与互动，专家学者点评，网友和工人代表现场发问，既活跃了现场气氛，也进一步扩散了“工人在线”的影响力。

4. 问政过程真实透明。广东是中国改革开放的前沿地带，广东省是全国最早开展网络问政的省区，网络普及程度高，干部和群众思想观念比较开放。从2008年开始南方报业传媒集团就在全省开展网络问政，从省委书记汪洋到地市一把手都已经习惯和接受网民的监督和拍砖方式，一批网络意见领袖理性成长，网络问政的推广也倒逼地方政府要开明行政、规范行政和科学行政。南方报业传媒集团以《南方日报》官网为龙头，借助于党报的权威发布渠道和新闻工作者的专业优势，打造了一个在全国具有广泛影响力的网络问政平台，“工人在线”问政平台直接嫁接在南方报业的问政平台上。每次“工人在线”开展活动时，南方网、奥一网、南农问政网、21世纪网络问政以及南方日报、南方都市报的官方微博、微信、手机报、社区论坛同时开通问政渠道，工友还可以通过移动短信和热线电话一起参与到问政过程中来。网络问政开创了党政领导依托互联网问计于民的先河，推动了党风政风网络监督，及时沟通民意，重塑政府形象，提高办事效能，消除官民之间的紧张关系。工会不是政府部门，没有政府职能，但工会要为广大工人服务，接受工人的监督，同时也是党和政府联系工人的桥梁，因此“工人在线”承担的也是一种问“政”角色，广东省总工会在全国开启了网络问政的先河。

“工人在线”从一开始在就定位于“工人有话有地方说，职工有困难找工会”，省总工会致力于重塑工会维权新形象，向全省工会吹响了维权的主号角，这就决定了“工人在线”不可能只是一种花架子或者政治秀，更不是对工人的忽悠。省总工会主席10次亲临现场，专责小组跟进督办个案，这可以说是中国网络问政的一个经典案例。

5. 主题相对集中，贴近工人需要。“工人在线”12场活动除第一场启动仪式外，其他各场都针对不同时段工人的不同需求设计了一个相对集中的主题，如关注高温津贴、关注就读、关注就业等。相对集中的主题活动可以更好地传播相关的政策法规；另一方面也便利于“工人在线”的运作，可以有针对性地邀请不同部门和不同专业的现场嘉宾；工人提问相对集中也提高了现场解决工人问题的效率。

三、问政与问责：“工人在线”效果和限度

群众路线是党的根本工作路线，“工人在线”是我国工会系统首例开通的问政平台，在广东省总工会的悉心呵护下，“工人在线”正在逐渐赢得工人的认同，其运转过程也正在逐渐制度化和规范化。在“所有人对所有人传播”的网络时代，社会管理一切为了群众、一切依靠群众的核心宗旨没有变，坚持从群众中来、到群众中去的根本要求没有变，“工人在线”所有的运行制度和原则都紧紧地围绕工人而制定，也因工人的需求而不断变化。

“工人在线”向工人提供了一个成本低和问政便捷的渠道，问政平台的全开放性保证了工人可以方便地上网参与到平台的互动中来。问政诉求的不断追踪落实，工人声音能够被工会干部和政府官员所知晓和回应，工人的热情和信心被调动起来。个体工人的诉求通过公共传播渠道被不断地扩散，网民和工友的上网围观可以形成一种示范效应，进一步壮大了工人在线平台的影响。

“工人在线”问政可以形成强大的舆论压力，有利于化解社会矛盾，问政本身就是工人的一个表达过程，同时也是社会信息预警的过程。通过“工人在线”，工会和政府可以收集到工人各种声音和工人动向，了解各地工人的诉求，及时发现问题和矛盾。问政也是一个问责的过程，“工人在线”的公开传播既是对问政过程的公开，也是对省总工会问政结果的公开，工友和网友可以通过网络了解到问政的动态进展，回溯全省各级工会对每一个问政事项的办理情况，并发表自己的意见和看法，现场的督办、事后的催办和每月 10 件大事的承诺办理都是对工会的一个倒逼。“工人在线”这种机制形成了强大和持久的社会舆论，工人因此可以不断地追问“事情办得到底如何了”，“工会说过的算数吗”。这些社会舆论也使得问

政迅速转化为问责，将工会和各级政府的责任主体凸现出来，从而对解决工人的具体问题起到监督和促进作用。

因此，从问责政治的责问、回应和惩奖三个维度来看，“工人在线”很好地解决了责问和回应这两个方面。基于工会的特殊地位，“工人在线”可以最大限度地调动工人参与责问，省总工会也可以调动全部资源来回应工人的诉求和提问。但是“工人在线”只是省总工会与南方报业传媒集团开展的一个问政平台，它还不是一个制度化的行政问责平台，要把工人权利进一步落实，还需要在以下几个方面进行探索。问政如何进行监督？这实际上也是问责政治的第三个维度即惩奖的问题。在省总工会层级要解决的问题是，工人通过线上反映具体的诉求要求工会帮助解决，省总工会负责督办地方工会跟踪办理，如果地方工会不积极回应工人的要求，不去具体落实解决工人的问题，省总工会是否有制度化的措施来督促地方工会？其次，最关键的问题还在于，工人的诉求大部分是需要地方行政部门来解决的，工会没有行政执法权，而地方行政部门本身又存在着扯皮和推诿作风，还有强烈的地方保护主义，在劳资冲突发生时，地方政府经常囿于招商压力和政绩考核不敢得罪资方，导致对工人的权利保护不力。于此情境下的工会工作处于两难之中，惩奖何以进行？“工人在线”如何畅通与地方政府部门的沟通和联系，如何取得地方政府部门的支持？在现在体制下，工会只是一个协调机构，涉及工人的具体权益问题还必须靠政府执法部门来解决。

“工人在线”如何能够持续下去？如何把“工人在线”继续向下发展到各地市建立起当地的“工人在线”是眼下省总工会必须考虑的问题，这样既可以减轻省总工会的压力，也可以让“工人在线”更贴近当地工人的需求，更方便地方工会部门的维权工作。地方工会干部人手不足，珠三角一些镇区数十万工人，而镇级工会只有两三个人，日常工作都无法应付，何谈进厂维权？镇级工会与企业工会一样成为表格工会或牌子工会，只是挂个牌子应付上级，日常工作就是负责填写各种表格。另外，工会行政化和官僚化严重，缺乏动力来为工人做事，这种问政和问责主体和对象之间的非对称状态还将持续很长时间。“工人在线”每月的问政尽管很热闹，但基本上是停留在个人问政的碎片化状态，“工人在线”的热切回应也基本上还是停留在省总工会层面，向下推进还有许多困难和阻力，真正对各级工会的问责机制还很难建立起来。回到“工人在线”本身来说，尽管工人数量庞大，但是存在着结构性的问题，工人以外来农民工为主，高度流动和分散，没有真正地组织起来。参与“工人在线”活动的工人还有限，工人对自身权益的关注也有限。在问政过程中，工人只能反映自身的个体诉求，而少有集体性诉求，参与深度不够。

工人有话有地方说，“工人在线”提供了一个互联网的沟通平台；职工有困难找工会，“工人在线”让广大工人朋友们进一步认识到工会的力量，体会到工会为工人服务的诚意和决心。省总工会多位领导的高度重视是“工人在线”成功的一个非常重要的保证，近年来广东省总工会还在不断地探索更多的渠道来帮助工人。突出维权主业，这也是新一届省总工会的领导提出来的工会工作的目标，“工人在线”正是实现这一目标的一个具体行动。我们可以乐观地期待广东省总工会在帮助职工维权和关心工人利益方面会有更进一步的行动。

（本文曾发表于《中国工人》2015年03期）

欧洲工会运动：模式与启发

吴建平*

改革开放以来，我国劳动关系从行政化向市场化的转型已基本完成，工会也在这个过程中，逐渐从计划经济体制下的角色向社会主义市场经济体制下的角色发生了转变，即确立了自身作为国家治理劳动关系体系中的重要参与者角色。而为了适应这种转变的需要，中国工会就必须在组织结构、制度安排和运作机制上进行探索和创新，这也成为当前中国工会在理论和经验上面临的重要挑战。

正所谓"他山之石，可以攻玉"，西方工会运动的经验和理论，至少在分析意义上，为我们思考中国工会问题提供了有价值的参考。但这要求我们务必对西方工会运动有深刻的理解和把握，否则容易流于表面，并掉入理论或制度移植的陷阱。不过，西方工会运动呈现出来的，是多元主义特点，这种多元性不仅表现为存在彼此对立或冲突的诸多工会形态，而且表现为具体的个别工会也具有自身内在的矛盾或张力。这种彼此间的以及各自内在的张力，必然会推动工会运动呈现出动态化特点。因此，我们在对西方工会运动进行理论借鉴时，务必保持一种开放、审慎和辩证的心态。而且，我们不能仅停留在描述层面，更需要深入到各种工会

* 吴建平，中国社会科学院社会学系法学博士，中国劳动关系学院工会学院副教授，主要研究中国工会组织与制度变迁、工会理论、企业民主管理与员工参与，出版专著《转型时期中国工会研究——以国家治理参与为视角》（独著），《组织团结过程中的员工参与》（合著），另有译著《解析欧洲工会运动》，发表工会研究论文数篇。

运动的内在结构之中，探寻出带有一般性的分析性概念和命题。在这方面，笔者认为，英国学者理查德·海曼（Richard Hyman）在其《解析欧洲工会运动：在市场、阶级与社会之间》（下文简称《欧洲工会运动》）中所提出的欧洲工会运动的三种理想型，具有很好的理论启发意义：他不仅提出了解析欧洲工会运动的分析性概念和架构，而且还对每一种工会模式可能面临的各种张力进行了分析；此外，他还将不同国家工会的历史演变融入了进来，使抽象的概念分析与具体的历史叙述相互结合，这也为我们分析中国工会问题提供了方法上的启示。

一、欧洲工会运动的三种模式

在《欧洲工会运动》中，海曼就特别强调，在组织形式和意识形态上，欧洲工会呈现出多元主义特点，人们对工会的性质、目标、战略、战术的界定和理解，充满了矛盾和对立，这甚至表现在人们对工会和雇主组织的日常语言表述的差异上：北欧国家称它们是“劳动力市场中的双方”，英国传统上则称之为产业关系中的“双边”，而在许多其他欧洲国家中，通常的说法是“社会伙伴”。而且，正是这些不同观点之间的冲突，使得几乎每一欧洲国家的劳工运动都出现支离破碎的情形。为了让我们能够在一般意义上对欧洲工会运动予以把握，海曼建构出了工会运动的三种模式。

（一）集体谈判的经济代理机构

这种工会模式以劳动力市场为立足点，主要通过集体谈判的方式，来实现对劳动力市场的管制或调节。该模式具有一个内在预设，即产业关系是一个高度自我调控的领域，工会通过其运作技巧和决心，是可以在劳动力市场中取得最佳成效的。因此，该模式将集体谈判置于优先地位，并认为，工会应避免致力于或使自身从属于更为广泛的社会——政治目标，尤其是避免与政治发生纠缠，因为这不仅无助于工会经济目标的实现，反而很可能会使工会偏离其经济目标，并最终使工会成为政客们玩弄权术和阴谋的牺牲品。

美国的商业工联主义最为接近这种模式，海曼引用了霍克西对这种商业工联主义特征的经典描述：这种工会本质上是行业意识而非阶级意识，主要关注的是为会员争取到更多的眼前好处，而不会顾及工会外的绝大部分工人；同时也一般不会考虑政治和社会议题，除非这种考虑与其经济目标直接相关；它接受现行的资本主义产权制度和工资制度，认为它们如若不是正当的，那也是不可避免的。此外，它将工联主义主要看作是一种讨价还价制度，并主要通过集体谈判来达成其目标。用美国劳工联盟的早期领袖阿道夫·斯特拉瑟的话说，“我们没有终极目标。我们在一天又一天的生活着，我们只为眼前目标而奋斗”。所以，工会应小心谨慎地在“产业关系”与“政治”之间维持严格的界限，并专注于对雇佣机会的集体控制。

（二）阶级斗争的动员载体

这种工会模式以阶级为立足点，认为工会应成为“学习斗争的学校”，并在敌对的阶级斗争中进行反资本主义的动员。这种模式与前一种模式针锋相对，它预设了在资本主义生产体制下，纯粹的“经济主义”行动不能从根本上改善工人的处境，而且这种“经济主义”行动背后的行业或部门意识，容易造成工人间的分化和矛盾，这会从根本上削弱工人阶级的力量。因此，这种工会模式将斗争与社会——政治动员置于优先地位，以此来强化阶级利益。

马克思笔下的工会设想最为接近这种模式，他就对商业工联主义进行了严厉的批评，认为它只是在与结果作斗争，而不是与造成这些结果的原因作斗争。因此，马克思认为，工会绝不能被因罢工和结社所带来的显然是微不足道的经济利益所蒙蔽，而要认识到它们所带来的道德的和政治的影响，这也就有了恩格斯对工会是“学习斗争的学校”的论断。所以，该模式不仅强调了“产业关系”与“政治”之间的密切联系，而且还让前者从属于后者。

（三）社会整合的中介组织

这种工会模式以社会为立足点，认为工会应致力于更普遍的提升工人社会地位，并促进社会正义，从而帮助实现社会整合。前两种模式虽然存在着根本性的对立，但它们仍共同预设了劳资之间利益的多元性和冲突性；而这种模式则预设了劳资之间利益的一元性，即双方的利益是一致的，利益冲突被认为是一种病态，这需要通过有效的管理来予以矫正。因此，这种模式将社会福利和社会凝聚力置于优先地位，而拒斥阶级冲突或斗争的观念。

一般来说，受天主教义影响较大的基督教工会相对接近这种模式。而天主教义对劳资关系的理解，在很大程度上恰恰与上述第二种工会模式针锋相对。1891 年，教皇十三世颁布的《新事通谕》中明确指出，资本和劳动应和谐相处，二者存在相互的责任和道义，即雇员应为雇主忠诚工作，雇主应尊重雇员的尊严。所以，基督教工会履行的似乎更像是互助会而非工会的职能。为了证明自己并非是雇主的工具，该模式后来在原则上不再反对罢工，并在某些情形下将罢工看作是类似一场“正义的战争”。

二、三种模式的内在张力及其混合

海曼提出的三种工会模式都有着内在的张力或两难困境。

第一种工会模式在历史和现实中都具有较多的拥护者。事实上，trade union 一词最初的字面意思，就是指某门手艺的从业人员的联合团体。这个团体有些类似于经济垄断组织，通过对劳动力市场的操控来维系或增进成员的经济福利，但与纯粹垄断组织不同，这种操控不是单方的，而是在与雇主或其组织的协商或斗争中展开的，这即所谓的集体谈判。这种工会模式曾被称为“纯粹且简单的工联主义”，只专注本行业，甚至只关注会员的眼前的经济福利。但这种看似简单的模式，其实面临着诸多张力。

海曼首先指出，工会作为劳动力市场中带有类似垄断特性的行动者，其追求的是何种产出的最大化呢？是工资率最大化，还是工资总额最大化，或是会员就业率最大化？他更进一步指出，人们对于工资的定义也发生了重要变化，早在美国的商业工联主义最为自信时期，会员还无须缴纳收入所得税，也不太可能期待从国家那得到任何社会补贴或转移支付，但如今，工会认识到，名义工资、税收、其他减免以及从国家那获得补贴和服务是相互联系的，所以工会有利害关系去影响社会工资的所有构成部分。这也就延伸出对第一种模式的逻辑前提的根本性质疑，即是否存在所谓的劳动力市场，甚至是所谓的自由市场？海曼认为，国家是所谓的（自由）劳动力市场存在的基本前提，并对其进行某种政治政策干预。此外，海曼还指出，市场还受到社会规范力量的影响。简而言之，这种模式“在其核心上就存在一种矛盾：唯有当工会的目标和行动超出了其纯粹的经济性，工会才能有效地干预对劳动力市场的调节”。

第二种模式一直是工会运动的重要传统，而且是工会运动区别于其他各种社会运动的根本特质：这种对阶级意识和阶级斗争的鼓动，以及对没有阶级压迫的未来社会的憧憬，始终会在工人内心中引起激荡，从而引发持久的工人斗争。海曼指出，马克思的三个判断或预言为这种模式提供了重要的逻辑基础：一是围绕工资工时的斗争将会越来越具有斗争性和怨恨性；二是集体行动的指针将会团结越来越多的工人；三是经济防御必然会转型为革命政治。

但是，实际历史表现出来的反倒是（以英国为例）：一是集体谈判程序的建立，使斗争变得缓和了；二是常见的都是些小型工会，它们更关注的是其职业或部门利益而非阶级利益；三是这些小型工会也不愿意纠缠于“政治性”议题，甚至有的工会在章程中予以明令禁止。这种理论逻辑与历史实践之间的反差，在一定程度上揭示出这种模式在原则与实践之间的巨大张力。

海曼指出，这种张力首先表现在社会政治转型与实用经济主义之间。对于大多数工人来说，他们更关切的是眼前的、有限的物质利益，而不是遥远的、抽象的宏大社会政治目标，甚至他们难以理解这种目标。而在社会主义革命政党看来，工会如果注重眼前利益，那就必然需要维持与政府和雇主的稳定关系，从而会弱化工会的斗志。此外，眼前利益往往与局部利益相关联，因而工会对眼前利益的关注必然引发工会之间的部门主义竞争，进而导致工人的组织化分割。于是，这就引发出了第二个张力，即在广泛的阶级利益与狭隘的局部利益之间的张力，在这种张力下，工会往往会转向后者，而这反过来致使各个工会势单力薄，从而在正常的环境下，不能实现其经济目标，所以，又得回过头来重申社会政治转型的诉求。

海曼还指出了与前两个张力相关的另一张力，即斗争性与调适性之间的张力。马克思的预设是，斗争将会激化和强化工人对共同利益的认识以及对与雇主的对抗性的理解，但实际结果是，斗争引发的往往是雇主的反击或报复。此外，还有一个更根本的问题，就是历史表明，通过斗争使资本主义国家走向耗竭和崩溃，其结果并不必然是社会主义的出现，而很可能会是法西斯主义或类似极权主义政权的崛起，它不仅摧毁资产阶级民主，也摧毁工会运动的自主性权利。因此，革命并非必然是解放性的，也可能是反动性的。在这种情况下，工会领袖似乎变成了米尔斯所描述的那种“对不满的管理者”角色了，一方面组织和领导工人对雇主施压；另一方面又得限制工人的破坏行动。

上述的困境使得这种工会模式在历史上表现出了一种双重变化，其一是社会民主从革命目标中转移出来；其二是社会主义取向的工会逐渐独立于曾作为其“母体”的社会主义政党，工会不再是“党的招募学校”，而具有了更大的自主性，并与党保持平等地位。当然，这种工会并非彻底离开了阶级立场，它们为了维系自身的独特性，仍保留了阶级语言，在寻求工人利益时，“经济”行动与“政治”行动之间的界限仍很薄弱或不存在。此外，社会主义观念仍对欧洲的工会运动具有重要影响，这表现为欧洲工会运动人士偏爱产业工会。最后，海曼也同样指出，“阶级工会运动因此建构了一个悖论……将自己界定为阶级行动者的工会，却发现自己在扮演着极为不同的角色。相反，那些建立在拒斥阶级对立原则基础之上的工会，却又发现附和着阶级激进主义的诉求”。

第三种模式出现相对较晚，不过近些年来，对这种强调劳资间社会伙伴关系的工会模式的呼声，似乎较为响亮。这种模式的意义或指向非常不明确，海曼认为，社会伙伴关系存在强与弱两种理解，在最强烈的意义上，社会伙伴关系是肯定了传统天主教学说，认为资本与劳动在功能上互惠，因而需要对相互依赖关系进行有序的、和谐的调节；在最微弱的意义上，它表明的不过是对产业关系务实性的相互迁就的一种积极评价而已。

海曼经过考察后指出，劳资间社会伙伴关系概念的出现与法西斯主义政权的出现相关，并且奥地利最先提出这一概念：在介于两次世界大战之间的时期里，劳资双方都有各自强有力的组织，它们的对抗加剧了内战的爆发，并为纳粹在1938年的上台铺平了道路。此后，双方才决定，以合作代替阶级斗争，即政策制定过程中共同筹划、民主协商，且主要目标是经济发展与就业，双方都将自己视为社会和经济稳定的重要保护者。最终，在1947年奥地利总工会的报告中，首次提出了“社会伙伴”一词。后来这一概念在欧洲逐渐使用开来，但其具体意义也越来越难以理解。

海曼认为，眼睛只盯着这种模式的倡导者，通常对经济分析是一无所知的。因为这种模式看似美好，但存在一些必要条件：首先是经济环境有利，因经济的快速发展而使劳动力市场出现短缺；其次是劳资之间的政治交换能得到正和结果；再次，民族国家有较强的调控能力。当时“二战”后确实提供了这些条件，但一旦经济环境变差，尤其是在全球化的今天，跨国公司成为重要的经济行动者并具有一定程度的超越民族国家控制能力的情况下，社会伙伴关系作为一种似乎美好的价值理念，反倒对工会的抗争意志和能力带来束缚，它不仅让工会放弃了许多先前收益，而且还要分担艰难时期的责任和成本，也即扮演“跨国经济压力的协调者”或“危机的共同管理者”角色，这显然削弱工会在会员当中的合法性。

这样，我们就看到了社会整合模式工会在历史发展中呈现出来的自我悖谬：因劳资间势均力敌的组织化对抗，引发了社会伙伴关系的理念和制度安排，但工会因此过多扮演了推动社会正义、增进社会福祉及分担社会风险的角色，而逐渐弱化了自身作为工人利益代表的角色，致使工会出现了合法性危机，会员流失严重，动员能力弱化，于是，政府和雇主则认为不再有必要去向工会换取顺从了，社会伙伴关系于是逐渐名存实亡。换言之，社会伙伴关系的理念和制度安排是自身衰亡的原因。

在三种工会模式内在张力的分析中，我们看到，它们各自的内在张力使它们彼此间构成一种辩证的矛盾关系，彼此既相互排斥又相互吸引。针对这三种模式，海曼绘制了一个三角形（见图1）：市场、社会和阶级分别位于三个角上，代表三个立足点。但他明确指出，正是因为诸多内在张力的存在，任何工会都不可能稳定地站在某一个角上，实际存在的工会往往是两种理想型的矛盾性混合物，即站在某一条边上。这样，

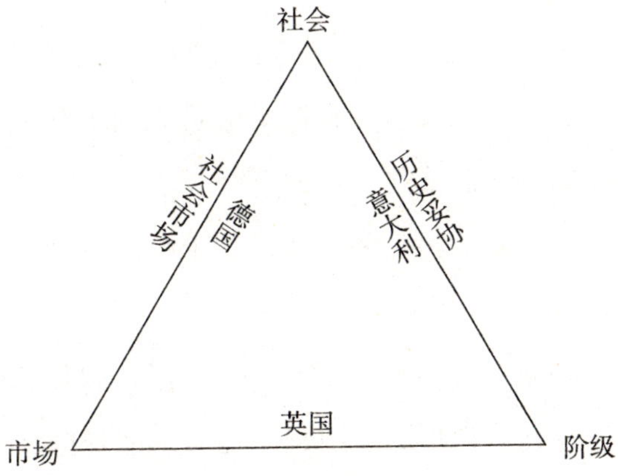

图1　集体谈判

海曼指出了实际存在的、典型的三种混合模式，即介于市场与阶级之间的自由集体谈判模式，介于市场与社会之间的社会市场模式，以及介于阶级与社会之间的历史妥协模式。而这三种混合模式分别见之于英国、德国和意大利的工会运动历史中（见图1）。

三、结论与启发

在笔者看来，海曼提出的这三种模式，其实更应被视为是工会运动的三个维度或要素，而这三个维度彼此间构成了一种辩证的矛盾关系，既相互排斥又相互吸引，既相互对立又相互补充：比如，立足于经济领域并针对具体的、务实的经济目标而进行集体谈判的工会，发现自己一方面必须避免陷入到广泛的、抽象的社会政治运动之中，因为这往往需要它们牺牲这种局部的、眼前的利益；另一方面，自己又必须投身于这种运动之中，因为这是形塑集体谈判外部制度环境，以及激发集体认同和力量的重要途径。与此同时，这种工会又会发现，自己一方面需要考虑如何维系基本的社会整合或团结，这不仅表现在社会层面，更表现在企业层面。显然，集体目标的达成需要首先建立在企业的增长和发展基础之上。事实也证明，在面临全球性经济危机时，工会往往需要站在企业一边，通过主动降低工资或不要求增长工资等方式来分担困难，将企业的生存置于首位。但是，这种对团结的追求，反过来会疏远自己与会员之间的联系，因为这可能被视为是一种对资本家的投降或对会员的背叛。

海曼对欧洲工会模式的概括和分析，对于中国工会研究者和工作者来说，具有很好的借鉴意义。

在一般层面，海曼对工会理想型的分析，首先让我们认识到工会运动的多元主义特点，即在意识形态、组织结构、制度安排和运作机制上存在各种不同取向的工会模式，这就意味着，我们不能先入为主地对工会进行某种想象，更不能赋予这种想象以价值上的优先性。这种多元主义也意味着，不同工会模式之间是存在张力或矛盾的，不仅如此，即使是某种模式内部，也存在张力，这些张力在现实中的表现，就是存在形形色色的、具体的工会组织，而且在工会内部也存在着矛盾、对立甚至分裂。此外，这些张力的存在，使得不同工会模式之间形成了一种辩证的、矛盾的关系，既相互吸引又相互排斥，既相互对立又相互补充，因此，任何一个工会都不可能一劳永逸地停留在某种模式之上，而是处在流变之中，它需要不断地吸收或排斥某种要素来化解迫在眉睫的张力。但是，某种张力的化解，就会引发另一种张力，所以工会始终处于矛盾的自我调适之中，以适应变化不定的外部环境，而这又绝非意味着，不同工会在这种不断的矛盾调适状态下，必然会走向趋同。因为在根本上，工会仍是嵌入在具体的历史情境和条件之下的，而且，各种工会模式都有着自己的制度惯性，它们始终具有自己的“据点”，以此为中心不断进行要素的调整。

在具体层面，海曼提炼出的三种工会理想型，可以作为一种分析工具，来帮助我们对中国工会进行分析。至少在逻辑分析上，我们可以认为，中国工会主要立足于“社会”这个角，即着眼于社会整合。不过，正如海曼所指出的，只着眼于一个角的工会，将面临着吸纳其余两个角的某些要素的迫切需要。近些年来，中华全国总工会对维权职能的强调，尤其是对工资集体协商的倡导，恰是在吸纳“市场”这个角的合理要素。同时，国内某些学者对工人阶级话语权和主体性的探讨，也在一定程度上可视为对“阶级”这个角的某些要素的呼吁。当然，对这两个角的合理要素的吸纳，至少在短时期内会引发与原有立足点的一些张力，因此，这就需要中国工会在制度与机制上进行一些创新，以实现这种融合。

（本文曾发表于《中国劳动关系学报》2015 年 01 期）